D0821897

VALENTINO

CHAW MANK
BRAD STEIGER

VALENTINO

SAN JUAN - PUERTO RICO
1978

La obra original de este libro
apareció bajo el título

VALENTINO

Traducido por Miguel Giménez Sales

1978. Edición especial de
Editorial Turabo, Inc.
reservada exclusivamente
a los socios del
CLUB DE LECTORES DE PUERTO RICO

Depósito Legal: B. 35.803-1978

Printed in Spain. Impreso en España
en el complejo de Artes Gráficas
MEDINACELI, S.A.
General Sanjurjo, 53 - Barcelona

Primera edición-club: noviembre, 1978

Prólogo

Al comienzo de la década de los felices años veinte, a Chaw Mank le encomendaron la misión de colorear el mito de Valentino para los clubs oficiales de admiradores de Rodolfo Valentino. Mank había iniciado una correspondencia íntima con el galán actor al principio de su carrera, y éste consideraba a Mank su primer y sincero admirador.

«Creo que por eso se confió a mí en tantas y tan distintas cosas, y deseaba compartir conmigo sus experiencias personales», dice Mank.

La idea de un «club de admiradores» era un concepto nuevo en 1922, y la publicación bimensual de Mank, Noticias para los aficionados al cine, *no tardó mucho en convertirse en un factor primordial para ir modelando la imagen de Rodolfo Valentino.*

Mank se inició en el mundo del espectáculo a muy temprana edad. Su padre falleció siendo él adolescente, y tuvo que mantener a su familia tocando el órgano del teatro local. En 1923, le ofrecieron una prueba cinematográfica en la gran capital del cine.

Mank, de joven, poseía un notable parecido con Wallace Reid, y los magnates del estudio anhelaban encontrar un substituto para el trono del Chico Americano, que quedó vacante con la trágica muerte de Reid. Pero Mank estaba de gira con su aplaudida orquestina Cinta Azul, y no consideraba una cosa muy segura la carrera fílmica. Por consiguiente, rechazó la oferta de un contrato y continuó con la orquestina. En los años treinta, Mank contrajo una gran amistad con Jean Harlow, quien le rogó que fuese su secretario personal. Mank, por segunda vez, no aceptó una posición tan envidiable para poder seguir de gira con su orquesta. Más adelante, rechazó por dos veces una proposición similar por parte de Dick Powell.

Cuando Rodolfo Valentino falleció en el mes de agosto de 1926, le correspondió a Mank encabezar el Fondo en Memoria de Rodolfo Valentino. *Por su participación en la campaña para allegar fondos y su ayuda a la perpetuación de la leyenda de Valentino, S. George Ullman, agente del actor, le ofreció a Mank los álbumes de recortes y otros recuerdos de aquél. Desde entonces hasta hoy día, Mank ha continuado en contacto con quienes conocieron, vivieron y trabajaron con Valentino. Este libro, pues, ha sido posible gracias a la voluminosa correspondencia de Mank y a sus relaciones con el mundo del cine. Sin las innumerables cartas y notas en poder de Mank, que forman un comentario único respecto a los primeros tiempos de la vida de Valentino, el autor jamás habría llegado al conocimiento de una serie de datos y hechos que el gran público siempre ha ignorado. Fue la íntima asociación de Mank con el Gran Amador lo que hizo posible este retrato de un Valentino que el público nunca conoció.*

1

El 24 de agosto de 1926, la policía de Nueva York se vio enfrentada con la mayor exhibición de histerismo en masa, de caos irreprimible, desde los sangrientos alborotos por los llamamientos a filas de 1863. El cataclísmico suceso que había precipitado tan violenta catarsis de grupo, soltando a las muchedumbres por el corazón de la metrópoli neoyorquina fue la muerte de Rodolfo Valentino, el dios del amor norteamericano, que falleció a la edad de treinta y un años por envenenamiento de la sangre a raíz de la perforación de una úlcera gástrica.

Unas ochenta mil personas tomaron parte, aproximadamente, en el frenesí emocional del entierro del Gran Amador, centenares de las cuales quedaron pisoteadas por las legiones de maníacos asistentes a aquél, o fueron heridas por los fragmentos de los vidrios rotos de numerosas ventanas y escaparates, teniendo que ser trasladadas a enfermerías de urgencia instaladas en Broadway y la calle Sesenta y Seis.

Una fuerza de casi doscientos policías se esforzaba en

vano para mantener a la gente bajo control durante aquella pesadilla de doce horas. La policía montada fue silbada, y motejada de «cosacos», cuando cargó contra los histéricos plañideros que rompían los cordones policíacos para acudir a ver por última vez al Caíd en su ataúd. La gente quería lo que se le debía. Un pueblo que se atropellaba en los juicios por asesinato, que presenciaba las ejecuciones, que se reía de la Prohibición y adoraba lo superficial y lo falso, exigía una *danse macabre* en torno a la pira funeraria del ídolo que les había proporcionado sus mejores momentos emotivos.

Valentino había llegado a Nueva York para asistir al estreno de su última película, *El hijo del Caid,* y los columnistas de escándalos morbosos aseguraban que tenía prisa por volver a los brazos de su último amor, Pola Negri, «la sirena más atractiva de Hollywood». Seguro de la inmortalidad en el celuloide, de la adulación de sus innumerables admiradores, y del amor de una mujer bellísima, Rodolfo Valentino, el artista más llorado por los periódicos, había perdido la existencia en el momento más culminante de su carrera.

La creencia común de la trágica muerte de Valentino en la cumbre de su popularidad, de sus proezas físicas y sus hazañas personales, no es acertada. Como estrella de cine empezaba ya a declinar, y por otro lado dejó al morir casi medio millón de dólares en deudas. Había sido un hombre temperamental, y estuvo enfermo desde mucho antes de su muerte; y cuando se vio obligado a pasar algún tiempo en Nueva York, se dedicó a pasar las noches bebiendo. En la pantalla muda,

Valentino fue la perfecta personificación del «sexo» de los años veinte: la clase de amante seguro de sí mismo con el que soñaban las dependientas y las casadas frustradas, al que comparaban con sus poco imaginativos esposos.

En su vida, Valentino fue un hombre sexualmente confuso y socialmente inseguro, una «propiedad» que había sido manipulada por todo el mundo: periodistas, propagandistas, productores y dos esposas con las que convivió durante dos matrimonios de conveniencia.

Aunque reticente y siempre temeroso de no ser comprendido, era capaz de entregarse a furores descomunales por ofensas imaginarias. Para su mal, era poco popular entre los varones, que le consideraban demasiado afeminado, aparte de una amenaza sexual, debido a los poderes hipnóticos que ejercía sobre sus heroínas, cosa más ridícula que convincente.

Unas semanas antes de su muerte, apareció en el *Tribune* de Chicago un artículo en el que Valentino creyó ver resumido todo el resentimiento que el celoso varón americano albergaba contra él. El articulista expresaba su disgusto ante una máquina para la venta automática de polvos que habían instalado en el lavabo de caballeros de una nueva sala de baile de Chicago, y aseguraba que Valentino era el verdadero culpable del afeminamiento y la corrupción del macho norteamericano. «¡Homo Americanus!», había imprimido burlonamente el articulista anónimo. Y continuaba:

«¿Por qué nadie ahogó hace años a Rodolfo Guglielmi, alias Valentino? Es preferible un gobierno de mujeres masculinas que de hombres afeminados. ¿Cómo es posible reconciliar los cosméticos masculinos, los caíds, los pantalones holgados de los gauchos y las esclavas en muñecas y tobillos con el desprecio a la ley y una actitud hacia el crimen más en consonancia con la frontera de hace medio siglo que con las metrópolis del siglo veinte? ¡Abajo Decatur! ¡Arriba Elinor Glyn! Hollywood es la escuela nacional de la masculinidad. Rudy (1), el hermoso hijo del jardinero, es el prototipo del macho americano. ¡Oh, campanas del infierno! ¡Oh, Azúcar!»

Valentino y su agente, George Ullman, se vieron asaltados entre los trenes de Chicago por periodistas enviados para conocer las reacciones de Rudy ante el ataque personal del *Tribune.* Cuando Ullman le leyó en voz alta el artículo, Rudy sufrió un ataque de furor histérico. Aquella era la frase que siempre le había acosado («Rudy, el hermoso hijo del jardinero»). Era la única desviación de la moralidad convencional que desesperadamente había tratado de ocultar ante los malditos periodistas. («Diablo, todos esos danzarines son homosexuales. ¿Has oído hablar del muchacho que tuvo un incidente de sexo oral con Rudy?»)

Para Valentino, el *Quinto* Jinete del Apocalipsis era el estigma de la homosexualidad («... el lindo mariquita»). En un intento patético para combatir aquellas insistentes insinuaciones, había concedido centenares de entrevistas, la mayoría

(1) *Rudy,* diminuto norteamericano de Rodolfo. (*N. del T.*)

tan estúpidas como suelen ser todas las entrevistas, dejándose fotografiar con la exhibición de sus bíceps y el adorno hirsuto de su pecho. Sus consejeros le apremiaron para que se riese de aquel artículo de Chicago, pero Rudy desafió al articulista anónimo a una «prueba de honor», retándole a que se las vieran los dos en el cuadrilátero del boxeo o de la lucha libre, para demostrar, al estilo típico americano («pues soy ciudadano americano»), cuál de los dos era más hombre.

Aunque el periodista no dio ninguna respuesta, Rudy no podía pasar por alto el incidente.

Jimmy Quirk, amigo y consejero de relaciones públicas de Valentino, le dijo que exageraba la nota.

—Yo no poseo el pellejo de los rinocerontes —le chilló Rudy.

La necesidad de demostrar su virilidad se convirtió en una obsesión para Valentino en las últimas semanas. Cada vez más irritado con sus amigos personales, presentaba ante el público una fachada sonriente, mientras iba de cine en cine para promocionar su último *tour de force* cinematográfico. Aceptaba todas las invitaciones para asistir a cenas de última hora y a las salas de fiesta, y recogía los guantes arrojados a sus pies por los numerosos periodistas que se deleitaban especialmente en zaherir a la gran estrella de Hollywood.

A pesar de haber empezado ya a vomitar sangre a causa de la úlcera de estómago, calzó los guantes de boxeo para ir de exhibición en exhibición por todos los gimnasios de Chicago y Nueva York, lo que culminó en su fracaso ante Frank

O'Neil, experto boxeador del *Evening Journal* de Nueva York, en la terraza del Hotel Embajadores. S. George Ullman afirmó más adelante que las dudas arrojadas sobre la virilidad de Valentino le trastornaron tanto que produjeron una pérdida psíquica de sus fuerzas emocionales, arrebatándole incluso el ansia de vivir.

—De haber tenido sus últimas horas más libres de la ansiedad —estableció Ullman—, su poder para contrarrestar el envenenamiento séptico habría sido mayor, y posiblemente no habría muerto.

El *Evening Post* de Nueva York publicó que las primeras palabras de Valentino al salir de la anestesia fueron:

—Bien, ¿me he portado como un afeminado o como un hombre?

Mas aquel día poco importaba que se hubiese comportado como un cobarde o como un héroe; el actor que había personificado el amor tropical en el más alto grado, yacía muerto en el Hospital Policlínico de Nueva York. Era tarea de George Ullman transformar la carcasa terrena en un brillante espíritu, un alma grande por la que las masas harían una cola que abarcaba once bloques de casas, con el fin de desfilar ante el túmulo del actor, un santo ante el que los seres humanos, profundamente trastornados, estaban dispuestos a rezar.

Programado con destreza casi sobrenatural, el funeral se convirtió en el entierro más espectacular y romántico que existir pueda en memoria de un hombre. Los periódicos, ávidos de romper la calma veraniega, desempeñaron debidamente su papel, aceptando las fotografías, distribuidas por anticipado, de la cámara donde yacía el cadáver. Debido a un traspiés periodístico, una fotografía del cortejo funerario salió en un diario antes de que empezase el macabro desfile. El resultado de aquellas maquinaciones fue que las películas póstumas de Valentino obtuvieron tanto éxito, que el medio millón de dólares de déficit del actor en vida, se convirtió en seiscientos mil dólares de superávit en la muerte.

Las ediciones vespertinas del 24 de agosto estaban repletas de elogios sobrios y recuerdos favorables, a cargo de las primeras figuras del cine y otras celebridades de diversas actividades.

En Hollywood, Pola Negri sufrió conveniente y públicamente dos desmayos, en el momento más oportuno. Cuando contó a los agentes de prensa y de los estudios su compromiso con Valentino, sollozó incontrolablemente, y los diarios publicaron que dos médicos habían tenido que asistir a la actriz.

Habían llevado el cadáver de Valentino a la funeraria Campbell, de Broadway y la calle Sesenta y Seis. Incluso antes de que Ullman consiguiese que los directores accedieran a un período bastante largo de exposición del túmulo, los teléfonos de la funeraria sonaban ya constantemente interesándose por el cadáver. Muchos imaginaron tretas a fin de lograr un prematuro acceso a la sala interior de la funeraria donde descansaba el cuerpo del ídolo. Y fueron aún más los que llevaron coronas y crucifijos florales. Una mujer deshecha en llanto solicitó estar a solas con el cadáver, por el privilegio de haberle dado ella el primer beso. Nunca, durante su breve y meteórica carrera, había sido Rodolfo Valentino el centro de un drama tal... Mejor dicho: de un guión tan bien planeado.

Doce mil personas permanecían agrupadas bajo un aguacero veraniego para desfilar delante de los restos del Gran Amador cuando la funeraria Campbell abrió sus puertas a las cuatro. El cadáver yacía en un ataúd de bronce, tapado por cristal inastillable, en el Salón Dorado. De la habitación habían quitado todo aquello que pudiera constituir un atractivo para los coleccionistas de recuerdos. La única ornamentación consistía en las tapicerías doradas que daban el nombre a la sala, cuatro candelabros y la estatua de una mujer envuelta en un velo negro, que estaba a la cabeza del túmulo.

Escolares masticando chiclé, mujeres envueltas en chales y señoras mayores, casadas y viudas, lujosamente ataviadas, desfilaron por delante del féretro para echar una mirada de dos segundos a los demacrados rasgos de su adorado actor. También formaban cola muchachos y caballeros, «caids» y colegiales. Personas de todas las edades, todos los colores y todas las condiciones habían acudido a despedir a Rudy.

La multitud alcanzó la cifra de 60.000 personas en una cola de a cuatro en fondo, que cogía más de cuatro bloques de casas. La policía amenazó, efectuó detenciones y llevó a cabo cargas montadas en un esfuerzo fútil de mantener el orden entre aquellos llorosos peregrinos. A cambio, los agentes recibieron gran cantidad de maldiciones e insultos. Bajo la presión de la gente, cedieron las ventanas de la funeraria, y los fragmentos de cristal cayeron sobre quienes hacían cola. Diez personas quedaron gravemente heridas y hubo que disponer una sala del edificio como hospital de urgencia para curar a las víctimas.

Ya circulaban rumores referentes a que la muerte de Rodolfo Valentino no había sido natural. La historia de que Rudy había sido envenenado por un rival celoso del afecto del actor hacia una corista levantó los suficientes murmullos para que un ayudante del fiscal de distrito efectuase una declaración para afirmar que él no podía actuar sobre la base de unos simples rumores.

Walter Winchell se mostró preocupado por las «perforaciones» mencionadas en el certificado de defunción del galán y publicó una copia del documento oficial en su columna. La gente del mundo del espectáculo no tardó en captar aquella implicación. A Valentino le había disparado una bala al estómago una «muñeca de la alta sociedad» con la que él mantenía un romance.

Otra versión del pistoletazo aseguraba que Rudy había salido aquella noche con una corista. Después de beber y bailar en varios locales, Valentino y la chica estuvieron en el apartamento de una amiga casada tomando unas copas.

En medio de su inocente charla, volvió a casa el marido de la amiga de Valentino y montó en cólera. Sin saberlo Rudy, la mujer había sostenido diversos amoríos extraconyugales de carácter lesbiano, lo que había minado la estabilidad matrimonial. El furioso esposo, sacando conclusiones falsas, interpretó la presencia de Rudy con la corista como un acto de perversión sexual. Maldiciendo a Valentino por proxeneta, le ordenó a Rudy que «se llevase a su puta lesbiana al momento».

Valentino, comprendiendo que el hombre estaba fuera de sí, volvióse para empujar a la corista fuera del apartamento.

Fue entonces cuando el violento marido se volvió loco, sacó un revólver del bolsillo y disparó contra Valentino por la espalda. Abandonado por la asustada corista, Rudy se tambaleó por la calle, tomó un taxi y dio la dirección de su hotel.

Esta historia obtuvo el consenso general entre la gente del cine, y una cantante de cabaret llegó a proclamar que conocía a la enfermera que había donado su sangre para Valentino, herido de muerte. Otras personas recordaron la demora en la intervención quirúrgica de Rudy (fue ingresado en el hospital a primera hora de la mañana del domingo y no fue admitido en el quirófano hasta las seis de la tarde), y la atribuyeron a la excesiva pérdida de sangre que imposibilitaba toda operación hasta haberle efectuado diversas transfusiones.

Desde París llegó la teoría de que una actriz de cine muy

celosa y un productor de películas habían contratado a unos asesinos, los cuales mataron a Valentino mezclando vidrios machacados en su comida. La actriz, proseguía la historia, estaba tremendamente enamorada del actor, mas éste la había rechazado. Y el magnate del cine estaba enfadado con Valentino por haberse negado a firmar un contrato con él. En consecuencia, entraron en contacto con los asesinos, los cuales echaron vidrio en polvo en la comida destinada al actor. El vidrio penetró en los intestinos, perforándolos y provocando la muerte al actor.

El doctor Meeker, el cirujano que operó a Valentino, y sus dos ayudantes, A. A. Jaller y Golden Rhind Battey, hicieron declaraciones a la prensa negando tales rumores, y reiteraron varias veces su diagnóstico oficial: «una úlcera gástrica perforada y el apéndice inflamado, con peritonitis resultante.»

El doctor Meeker informó asimismo al público de que su robusto y saludable héroe «sencillamente no se había cuidado; debía padecer un trastorno gástrico de carácter crónico; en los músculos de la parte interior del estómago había agujeros en los que cabía un dedo».

Beneficiándose de su experiencia combativa tras el primer día de controlar a los incansables admiradores que se sentían impulsados a ayudar a su dios del amor a cruzar la frontera del Más Allá, las autoridades destinaron 183 oficiales al servicio activo de Broadway.

Los directores de la funeraria Campbell también fortificaron el edificio. Ordenaron montar una barricada frente a la fachada para proteger las ventanas restantes. Trasladaron el túmulo desde el Salón Dorado del tercer piso al Salón Rosa del primero. Los directores de Campbell razonaron que de este modo evitarían el retraso que suponía el tener que tomar el ascensor hasta la tercera planta.

Cuando la multitud empezó el desfile ante el féretro el segundo día, muchos se sobresaltaron al ver fascistas de camisa negra a cada extremo del ataúd. Desafiados por los militantes antifascistas, aquéllos declararon que habían sido enviados por orden personal de Benito Mussolini para servir como guardia de honor junto al cadáver de su difunto compatriota. Pero éstos, coléricos, insistieron en que los camisas negras se retiraran inmediatamente, alegando que Valentino era antifascista y que por ese motivo Mussolini había prohibido sus películas en Italia. Los fascistas, entonces, enmudecieron. Y aquel mismo día se vieron enfrentados a otra guardia de honor de la Asociación de Artistas Italianos.

El incidente y su controversia resultante saltó a la primera página de los periódicos, pero los periodistas quedaron ignorantes de algunos hechos que hubieran hecho las delicias de sus lectores. Harry C. Klemfuss, agente de prensa de la funeraria Campbell, había contratado a varios actores para que se fingieran «fascistas», y después contrató a los de la Asociación de Artistas Italianos para que protestasen. De haber indagado los periodistas un poco más, se habrían enterado de que fue Klemfuss quien se aseguró de que siempre hubiera «gritadoras» y «lloronas» entre la multitud.

Al fín, Ullman negó el permiso para continuar la exposición del cadáver. No estaba satisfecho de la conducta de la mayoría de individuos que habían acudido a dar la despedida al cadáver. Incluso había oído cómo algunos jovenzuelos se reían al pasar. Ullman también estaba ansioso por evitar los alborotos que podían dar como resultado una publicidad negativa. Si el funeral debía cumplir el propósito de salvar la fortuna de Valentino, no tenía que haber más algaradas ni cargas de la policía. Campbell sostenía la teoría de que los alborotos eran consecuencia de la lluvia, por lo que trató, sin lograrlo, de convencer al agente del actor sobre este punto de vista. Ullman, no obstante, continuó inamovible, y el director de la funeraria accedió a regañadientes a cerrar su establecimiento.

Un boletín de Hollywood tranquilizó a las almas románticas, asegurando que la gran enamorada del ídolo popular asistiría al entierro: los agentes de Pola Negri anunciaron que la apesadumbrada actriz estaría presente en el funeral. Los representantes del estudio ya habían afirmado que la actriz, demasiado agotada por su dolor, no asistiría a tales servicios fúnebres, sino que reanudaría su labor en la película que estaba rodando, con el fin de ahogar sus penas en el arte. Resultó, pues, obvio para los más cínicos que los directores del estudio decidieron finalmente que el valor de la publicidad superaría a la pérdida producida por el retraso de la filmación, y la «contratada» Pola tuvo que adquirir unas galas negras.

In Tin Pan Alley, una especie de trovador de inspiración repentina, compuso una salmodia para el difunto ídolo. Titulada *Esta noche hay una nueva estrella en el cielo,* la trova fue anunciada como «tan sencilla, que todo el mundo podrá interpretarla al piano utilizando sólo dos dedos». La letra afirmaba que Dios había llamado a Rudy para que ocupara su puesto en el «espacio estrellado».

Mientras Pola Negri subía al tren de Nueva York, de luto, otras jóvenes que afirmaban haber sido el último amor de Valentino efectuaron diversas declaraciones en las primeras páginas de los periódicos. Marian Kay Brenda, corista del Ziegfeld Follies, contó a los periodistas que Valentino había estado muy enamorado de ella, llegando a proponerle el matrimonio. Según ella, había salido con el actor durante tres semanas, desde que Ali Ben Haggin les hizo las presentaciones en una fiesta. Se hallaba muy trastornada por tan súbita muerte, ya que la noche antes de ser trasladado Valentino al hospital habían asistido al Lido y al Texas Guinan.

—¿Y Pola Negri? —preguntóle un reportero.

—Rudy me confesó que Pola Negri —respondió la avispada Brenda—, era una mujer encantadora, aunque no tenía intenciones de casarse con ella.

Algunas figuras de la colonia cinematográfica, que afirmaban «conocer bien a Rudy», aseguraron que en la época de su muerte estaba comprometido para casarse con una joven de Park Avenue (1) que estaba pasando una temporada

(1) La zona más elegante de Manhattan, en el corazón de Nueva York (*N. del T.*)

en el extranjero. Pese al hecho de los sucesivos desmayos de la «llorosa Pola Negri», otra joven, se rumoreó, sollozaba silenciosa y angustiadamente en un apartamento de París.

Tampoco fue ningún secreto que Valentino se había entrevistado muchas veces con su primera esposa, Jean Acker, durante su estancia en Nueva York. La joven había asistido al estreno de *El hijo del Caid,* y le había acompañado a diversas fiestas. Estas frecuentes salidas ofrecieron un alimento generoso a los chismes que circulaban respecto a una posible reconciliación. Retrospectivamente, parece cierto que Valentino quiso vivir con más intensidad que nunca aquellos últimos y frenéticos días que pasó en Nueva York.

Cuando la funeraria anunció que sus puertas estarían cerradas los días 27 y 28, la policía metropolitana se preparó para contener otra algarada. Tales precauciones resultaron innecesarias. Periódicamente, pequeños grupos de admiradores golpeaban las puertas pidiendo entrar, pero la admisión sólo era concedida a quienes Ullman había entregado previamente los *tickets.* En una ocasión, la multitud trató de aprovecharse de la confusión creada por la entrega de una corona de dos metros, recuerdo de la United Artists, y se arremolinó en la entrada, pero fue rechazada fácilmente. A mediodía, el gentío se había retirado de la capilla del Gran Amador, para recibir a Gertrude Ederle, una joven cuyos músculos bien flexionados habían conquistado el primer puesto en la travesía del Canal de la Mancha. El histerismo aún estaba a la orden del día, sin embargo, y la policía tuvo que dispersar un pequeño alboroto cuando la joven nadadora llegó a su casa de Nueva York.

S. George Ullman todavía no les había ordenado a los funerarios que procediesen al entierro. El hermano de Valentino, Alberto, zarpó de Italia inmediatamente que se enteró de la muerte de Rudy, exigiendo que el entierro no se efectuase hasta que él pudiese despedir personalmente a su hermano menor. Fue, por tanto, necesario conservar el cadáver con hielo y obtener un permiso especial del Departamento de Sanidad para retrasar el entierro.

El 29 de agosto llegó Pola Negri a Nueva York, y las cenizas de la historia inicial volvieron a revolotear en proporciones desmesuradas. La muchedumbre se reunió a la entrada de la funeraria para cantar sus condolencias y saborear perversamente «el agudo dolor personal de Pola Negri». Un empleado del Departamente de Sanidad abrió el ataúd, y Pola Negri se vio al instante «abrumada por la espantosa vista de su amado». Cuando hubo recobrado sus facultades, concedió una entrevista a los periodistas en su *suite* del hotel, donde uno de los presentes tuvo el atrevimiento de discutir la validez de su compromiso con el Gran Amador.

—Mi amor por Valentino ha sido el mayor de mi vida —declaró la actriz—. Nunca le olvidaré.

Después, para aclarar que no se había tratado de un amor platónico, añadió:

—Le amaba, no como un artista ama a otro, sino como una mujer adora a un hombre.

Pero, ¿dónde estaba la sortija de compromiso? ¿Dónde la prueba de su noviazgo?

—Nos hallábamos en el cuarto mes de experiencia prematrimonial, al término del cual pensábamos casarnos si resistía nuestro amor. Oh, con toda seguridad no habría tardado mucho en celebrarse la boda.

Aunque los periodistas y sus lectores apenas si se dieron cuenta, Charles William Eliot, durante cuarenta años presidente efectivo y durante otros diecisiete presidente honorario de la Universidad de Harvard, había fallecido el mismo día que Rodolfo Valentino. ¿Cuáles eran, al fin y al cabo, los méritos de un viejo pedagogo de 90 años, que había «cambiado por completo la educación norteamericana, elevando el nivel cultural de América con su famosa «estantería de metro y medio» de los *Clásicos de Harvard* seleccionados, y fue representante de la Fundación Carnegie para la Paz Internacional, comparado con un guapo joven que había convertido a millones de personas en aficionadas al cine gracias al espíritu de la juventud y el amor?

Alberto Guglielmi llegó de Italia el 31. El hermano de Valentino fue recibido en el muelle por Pola Negri y una multitud de italianos que enarbolaban gallardetes enlutados.

Al día siguiente tuvo lugar el tan demorado funeral. Murallas sólidas compuestas por seres humanos, hasta una cifra de cien mil, flanquearon la ruta del cortejo. A intervalos regulares, mujeres histéricas rompían el cordón de la policía y retrasaban la marcha de la procesión. Los periodistas tomaban buena nota de los sollozos de las estrellas de Hollywood que marchaban en el cortejo, también para evaluar la sinceridad de cada lágrima que caía de los ojos de las profesionales del cine.

Pola Negri mantuvo la serenidad durante la misa de requiem, aunque más tarde los periodistas publicaron que había parecido hallarse varias veces al borde del colapso durante la triste ceremonia. Jean Acker, primera esposa de Rudy, se desmayó, siendo llevada rápidamente al botiquín de urgencia instalado en la sacristía de la iglesia. Al final de la misa, Pola Negri consiguió también desmayarse.

Después salió del templo con una sonrisa triunfal en sus labios. Mary Pickford le había entregado una carta escrita por el doctor Meeker, cirujano de Valentino, que establecería sin lugar a dudas su compromiso formal con el actor desaparecido. El doctor Meeker citaba en la carta palabras que demostraban absolutamente que Pola había estado prometida a Rudy.

Le ruego a la señorita Pickford, antigua amiga y paciente mía, que le entregue este mensaje, pues yo parto para Maine. A las cuatro de la madrugada del lunes, Valentino extendió las manos y murmuró: «Temo que no iremos a pescar juntos. Tal vez volveremos a vernos. ¿Quién sabe?» Tenía la mente muy clara, fue aquélla la primera vez que no se encontraba bien. Después, aña-

dió: «Pola... ¡si no llega a tiempo, díganle que pienso en ella!»

Me creo en la obligación de hacer llegar hasta usted inmediatamente este mensaje.

La interpretación que Pola Negri hizo de la carta convenció a muy pocos periodistas respecto a su noviazgo con el actor. La prensa continuó desmintiendo la inmortalidad romántica que Pola Negri perseguía como prometida de Valentino, motejando sus desmayos teatrales en el funeral como «trucos baratos de publicidad».

El 3 de setiembre, Rudy regresó por fin a Hollywood con el billete de vuelta que no pudo utilizar en vida. Desde Nueva York a Los Angeles, hubo gran cantidad de gente acechando el paso del convoy fúnebre.

Como contraste, el funeral llevado a cabo en Hollywood resultó mucho más sosegado. Posiblemente, la excesiva abundancia de publicidad hecha en el Este redujo la reacción de la colonia cinematográfica. La iglesia de Beverly Hills, donde se celebró la misa de requiem, no estuvo completamente llena durante el servicio. No obstante, la colonia del cine envió una nutrida representación y muchos amigos personales de Rodolfo Valentino que no rodaban aquel día asistieron al templo, así como gran número de italianos.

Entre las estrellas asistentes se contaron Pola Negri, Douglas Fairbanks, Mary Pickford, Charles Chaplin,

Harold Lloyd, Mildred Davis, Jack (John) Gilbert, Mabel Normand, George O'Brien, William S. Hart, Jean Hershlot, Patsy Ruth Miller, Pat O'Malley y Helen Ferguson. Casi todos los asistentes masculinos portaron, en un momento u otro, el féretro a cuestas.

El cortejo alcanzaba kilómetro y medio de longitud, y la ruta estaba flanqueada por ingentes multitudes. Sin embargo, no hubo alborotos ni desmayos como en Nueva York. Cuando descendieron el féretro a la fosa, Pola Negri esparció encima un manto de rosas rojas. La fosa la había dispuesto la mujer que descubrió a Valentino, June Mathis. Fue ella la que pronunció las últimas palabras de despedida al dios del amor que ella había ayudado a deificar.

June Mathis le dijo el último adiós a Rodolfo Valentino, pero el mundo todavía no había terminado con él. Como a un fantasma terrestre, al atormentado espíritu de Valentino no se le permitió ascender a un plano superior. De pronto, circuló el rumor de que el actor no había muerto sino que se hallaba en un asilo, con el rostro terriblemente desfigurado por el vitriolo que un marido celoso le había arrojada a la cara. El cadáver del ataúd, agregaba el rumor, era una imagen de Rudy que su agente había encargado, fabricada en cera. La estratagema era obra del propio Valentino, que deseaba ocultar las horribles cicatrices de su rostro a su masa de admiradoras. En tales condiciones, era preferible que le creyeran muerto.

En los periódicos empezaron a aparecer cartas de los lectores (más bien lectoras), suplicándole a Valentino que se dejase ver, asegurándole al Gran Amador que sus verdaderas admiradoras siempre le amarían y le recordarían como en sus tiempos triunfales. Este último rumor se vio reforzado, sin intención, por la temible cronista de Hollywood, Adela Rogers St. Johns, quien afirmó que todo aquél que había desfilado ante el túmulo de Valentino en Nueva York lo había hecho, en realidad, ante una figura de cera:

«... después de una larga semana de agonía, Valentino estaba tan demacrado y delgado, como un chiquillo exhausto, que apenas quedaba nada del «Caid». Fue Jimmy Quirk, a cargo del asunto hasta que llegó Alberto de Italia, hermano del ídolo, el que llevó a cabo una misión inteligente. Buscó a un escultor y gracias a unas mil imágenes de la cámara, moldeó una figura de cera.»

A partir de esta acusación contra el actor que yacía en el féretro, muchas admiradoras crédulas llegaron a la conclusión de que Valentino había escogido recluirse en un asilo antes que presentar a sus legiones de seguidoras la máscara de sus facciones desfiguradas.

Y otra vez hubo rumores de juego sucio, junto con acusaciones de incompetencia por parte de los médicos que asistieron a Valentino. El doctor Marco Porzio, eminente galeno romano, denunció a los cirujanos por «permitir» que Rodolfo Valentino falleciese a causa de «una sencilla operación de apendicitis».

Bernarr Macfadden, en el *Evening Graphic,* proporcionó a sus lectores titulares libidinosos y relatos escalofriantes acerca del envenenamiento de Valentino por una mujer celosa, del vapuleo propinado por un marido ultrajado, y de su asesinato en un club de lujo.

El cirujano Charles Horace Mayo, de Rochester, Minnesota, que se creía eminente por encima de toda crítica, trató de acallar todos los rumores declarando una vez más que Valentino había muerto de septicemia (envenenamiento de la sangre), después de la perforación de una úlcera gástrica. Los funcionarios del Hospital Policlínico afirmaron que no comprendían cómo tantas personas se hallaban interesadas en la enfermedad de la estrella de cine y no en su personalidad.

Krishnamurti, «vehículo viviente del Gran Maestro», profesor hindú de teosofía, consideró este fenómeno occidental de luto histérico con suma extrañeza.

—Rodolfo Valentino no ha muerto —dijo a los periodistas—. Su alma vive y es posible llegar hasta ella en el plano espiritual. Valentino volverá a la tierra, tal vez muy pronto, con otro aspecto físico. Así, pues, ¿por qué tanto dolor? —Y el sabio indio señaló prudentemente—: Tras el ansia de dinero, el mundo occidental engrandece su vida sexual fuera de toda proporción justa y adecuada.

2

Siempre fue guapo. Nació, en realidad, con el nombre largo y ampuloso de Rodolfo Alfonso Rafael Pedro Filiberto Guglielmi de Valentino de Antonguolla, el 6 de mayo de 1895. El seráfico bebé no llevaba entonces el menor rastro de los cuernos de Pan que más adelante debía mostrar como símbolo de su infatigable sensualidad. Donna Gabriella Barbin Guglielmi sólo deseaba para su hijito que, de mayor, fuese cirujano, a fin de que pudiera curar a seres humanos y no animales, como hacía su padre, Giovanni Guglielmi, por ser el veterinario del pueblo.

El doctor Guglielmi, hijo de un famoso ingeniero civil que construyó varios de los puentes de ferrocarril más difíciles del sur de Italia, envileció el apellido familiar huyendo del hogar paterno para unirse a una caravana circense. Mientras el circo actuaba en la ciudad de Castellaneta, Giovanni conoció y se enamoró de Donna Gabriella Barbin, maestra de ascendencia francesa, y entonces se instaló en dicha población, graduándose como veterinario. Aunque Donna Gabriella afirmaba que la profesión de su esposo no era digna de un hombre con sus antecedentes familiares, Giovanni Guglielmi se reía de la veneración que experimentaba su mujer hacia los antepasados pretendidamente aristócratas. Sin embargo, no logró impedir que su esposa llenase la cabecita de su hijo con toda clase de cuentos románticos sobre un glorioso pasado.

Más adelante, Valentino citaba todo su nombre y sus diversos orígenes, con tanta facilidad que hasta los periodistas más escépticos se referían a él como el «aristócrata italiano».

Aseguraba que el «Pedro Filiberto» procedía de la parte materna, que era hija de un famoso cirujano francés. A la parte de su padre pertenecían los «Rodolfo, Alfonso y Rafael». El «de Valentino» era un título papal, y el «de Antonguolla» indicaba un derecho poco claro a la olvidada propiedad real perdida para la familia en «una de las últimas Cruzadas».

Donna Gabriella dedicaba toda su atención al hermoso hijo. El matrimonio tenía ya a Alberto, unos años mayor, y no tardaría en nacer María y su hermana Bice, que murió en la infancia; mas Rodolfo era el favorito de su madre.

—Éste no dará pastillas a los cerdos ni servirá de comadrón para el ganado —zahería ella a su marido—. Incluso ahora, tiene ya todo el aspecto de un aristócrata.

—Ya veremos —murmuraba Giovanni Guglielmi—. Lo cierto es que ensucia los pañales igual que cualquier otro crío.

Poco después de la muerte de Valentino, Hiram Kelly Moderwell, corresponsal de un importante periódico de Chicago en Roma, pasó varias semanas investigando y comprobando la niñez del Gran Amador. Moderwell habló con amigos de infancia, con el médico de cabecera de la familia, con la nodriza de Valentino y otras personas que conocieron íntimamente al galán actor. Chaw Mank aportó datos a la investigación de Moderwell con la correspondencia personal mantenida con varios amigos italianos. Mank sostuvo constante comunicación con algunos individuos durante muchos años, y sigue prestando atención a cuantos hoy día recuerdan aún algo relativo a Valentino.

—Desde el principio, Donna Gabriella mimó con exceso a Rodolfo —recordó años más tarde Michele Converso, el médico del pueblo—. Siempre le dejaba hacer su voluntad. Tal vez por esto fue un niño cruel. Cuando alguien se le oponía o frustraba sus empeños, Valentino sufría accesos de cólera terribles. Si Donna Gabriella hubiese pasado más tiempo enseñándole urbanidad y menos llenando su cabeza de historias románticas, todo habría ido mucho mejor.

Aunque la casa pintada de blanco de los Guglielmi, cerca de la plaza del pueblo, no era en absoluto el «palacio ancestral» que los periodistas designaron posteriormente como el sitio donde nació Valentino, era un hogar confortable y Giovanni mantenía a su familia en un relativo bienestar. Como premio a esto, exigía una obediencia absoluta, sin señales de rebeldía o insubordinación. Como era, pues, de esperar, entre él y su hijo menor existía una lucha perpetua. Giovanni reconocía en su hijo el mismo ardor que había circulado por sus venas en su juventud, si bien estaba decidido a apagar aquel fuego en su hijo. Por eso, le castigaba con tremenda severidad. Por la más mínima infracción del código doméstico, encerraba al joven Rodolfo sin cenar en un armario, a oscuras. Giovanni cenaba tranquilamente, sin dejarse conmover por los golpes dados por su hijo contra la puerta del armario. Cuando por fin salía de allí para irse a la cama, Donna Gabriella besaba y abrazaba a aquel «pobre niño travieso», y entre las ropas de la cama, Rodolfo siempre encontraba un bocadillo apetitoso. Para la mente infantil de Rodolfo, pronto quedó claro que su padre era un hombre malvado, que le odiaba. Llegó a pensar que su padre debía ser en realidad su padrastro, sin el menor parentesco de sangre. Donna Gabrilla, en cambio, sí era su verdadera madre, una santa mujer que le adoraba.

A los 11 años, Rodolfo era el espanto del pueblo, el chico incorregible, el príncipe de las travesuras. De pequeñín, Donna Gabriella se divertía vistiéndole con las prendas más caras del mercado. Cómo le encantaba oir a las demás madres comentar: «¡Qué chiquillo tan guapo!» «Debía de ser niña.» «¡Qué hermoso!».

Mas ahora, mientras ella adquiría verduras y huevos en el mercado, se veía obligada a taparse los oídos para no oir susurrar a las otras madres: «¿Por qué Donna Gabriella no le da un par de pescozones a ese crío?» «Lo que necesita es una buena paliza.» «Pues yo misma se la administraré si vuelve a molestar a mi Pietro.» «Creo que el doctor Guglielmi debería ocuparse más de él.»

Naturalmente, lo que sabía todo el mundo era que el severo veterinario castigaba a su travieso hijo con el furor de un patriarca del Antiguo Testamento. También se sabía que la incesante campaña del padre en pro de la disciplina se veía obstaculizada a cada momento por la indulgente Donna Gabriella.

Rodolfo organizó un «grupo de bandidos» cuyo cuartel general estaba en las numerosas cuevas del barranco de Castellaneta. Allí, en un mundo dominado por sus dictados románticos, él era Musolino, el legendario Robin Hood de Calabria. Sus amigos, Alfonso Patarino, Giuseppe Tamburrino y Giacomo de Bellis, le servían de secuaces. Su grupo de bandoleros se componía también de todos los chiquillos del pueblo a los que obligaban a unirse a la banda. Con espadas de madera en mano, Rodolfo y sus bandidos saltaban de roca en roca, se enfrentaban a los soldados del Rey y huían en una retirada triunfal a la seguridad de su refugio. Los chicos más pequeños del pueblo se hallaban sometidos al encanto de la vívida imaginación de Rodolfo. Cuando se paseaba ante ellos para exigirles que destruyesen al tirano, les parecía como si Rodolfo hubiese hecho retroceder el tiempo en varios siglos, transformándoles a todos en la banda capitaneada por Musolino. Rodolfo era el capitán indiscutible. Seguirle era penetrar en un mundo de cautivadora fantasía, un mundo donde no tenían sitio los mayores con sus riñas, las tareas domésticas ni los severos maestros del pueblo.

También había días malos. Los demás niños sabían muy bien cuándo a Rodolfo le había castigado su padre sin cenar, encerrándolo en el armario. Lo sabían porque eran ellos los que pagaban por aquella «injusticia».

—¿Cuál es la mujer más bella de Castellaneta? —preguntaba entonces Rodolfo a un grupo de chiquillos, con los puños apretados y dispuesto a pegar a todo aquél que no diese la respuesta correcta. Si alguno deseaba incomodar más aún a Rodolfo, todos contestaban a coro:

—¡Donna Gabriella es la mujer más bella de Castellaneta!

Si el castigo de la noche anterior había sido, no obstante, extraordinariamente severo, Rodolfo siempre golpeaba a algún niño con el pretexto de haberle oído a su víctima decir que profesaba su verdadero afecto a otra mujer del pueblo.

Una de las chifladuras de Rodolfo mejor recordadas en el pueblo era su modo de enseñar a los niños menores a ser «valientes». Los sacaba fuera del balcón de su casa y los sostenía encima de la barandilla, a más de tres metros de la calzada. Después los dejaba caer, cogiéndoles por los brazos en el momento en que ellos pensaban que iban a estrellarse contra el empedrado.

Su apasionada negativa a reconocer la superioridad de alguien sobre él le convirtió en un verdadero problema escolar. En cierta ocasión, un profesor que persistentemente intentó convertirle en un alumno tratable, le castigó colocándole dentro de un barril, dejándole asomar solamente la cabeza.

Luego invitó a los demás estudiantes a dar vueltas en torno a su castigado condiscípulo para avergonzarle por sus diversas infracciones a la disciplina escolar. Aquella noche, el Signor Parroni, el maestro, visitó a Guglielmi en su casa. Rodolfo era listo en clase, explicó Parroni al veterinario y a su esposa, pero se negaba absolutamente a someterse a la rutina de la escuela. Los profesores, claro está, no podían tolerar tanta rebeldía. Era imperioso que Rodolfo comprendiese de qué manera dificultaba la situación de todo el mundo: maestros, condiscípulos y él mismo.

Después de haber pronunciado el maestro su disimulado ultimátum, Giovanni Guglielmi cogió a Rodolfo y le administró una severa zurra con su cinturón.

—¿Qué piensas ahora de tu guapo hijito? —le preguntó a su esposa, gruñendo—. ¿Qué piensas de tu pequeño aristócrata?

Arrojó a Rodolfo al suelo, lo asió por un hombro y lo envió a un rincón. Desesperadamente, Rodolfo escrutó el rostro de su madre. Con toda seguridad iría hacia él para consolarle. Pero los ojos de la mujer estaban arrasados en llanto y cuando habló, evitó mirarle.

—Rodolfo, eres un niño malvado. Y me has causado un gran pesar.

Entonces, por primera vez, Rodolfo dejó correr las lágrimas que le cosquilleaban los ojos. Totalmente asombrado, vio cómo su madre se acurrucaba entre los brazos del padre para que éste la consolase por el pesar que Rodolfo le infligía. Lo cual significaba que el padre era el verdadero amor de su madre.

Al día siguiente, Rodolfo estuvo a punto de ahogar a un niño en la fuente del pueblo. Cuando el médico, Cavalieri Michele Converso, intervino, el enfurecido Rodolfo sujetaba al pequeño bajo la superficie del agua.

—Ha dicho que su hermana es más bella que mi madre —fue la explicación que le dio al doctor Converso por su mala acción.

El médico, que era amigo íntimo de los Guglielmi, le propinó al chico un vapuleo oral, llevándolo a su madre.

Cuando el doctor Converso les dejó solos, Rodolfo se arrojó en los brazos de su madre, abrazándola ardorosamente. El padre no estaba en casa. Los dos estaban a solas y ella no tenía por qué fingir en sus sentimientos. Seguramente le diría que le comprendía y sabía hasta qué punto la amaba. Pero los brazos maternales se mostraron esquivos y ella lo apartó de sí.

—Ya no eres mi angel hermoso, Rodolfo —le espetó—. Te has convertido en un diablo. Y a tu madre no haces más que causarle penas y preocupaciones. Si deseas que te quiera, tienes que ser amable con tus amigos y tus hermanos. Debes portarte bien en la escuela. Debes obedecer a tu padre. ¡Tienes que hacer lo que él te diga!

Rodolfo se tragó las lágrimas. Su madre acababa de traicionarle, al ponerse de parte del padre.

—¿Qué es lo que te reconcome? —preguntóle ella—. ¿Por

qué te comportas tan mal?

No quiso escuchar más. Ignoró los gritos de su madre y huyó de casa. Había otra persona que le consolaría, otra persona que le amaba como antes su madre. Iría a ver a Rosa.

Rosa había sido la nodriza del pequeño. Una mujer sencilla, soltera, de unos veinticinco años, que cuidaba de un pequeño huerto cuando no estaba empleada por alguna madre. Había criado a Rodolfo con especial cariño. Para ella, Rodolfo era un pequeño dios, le manifestó a Donna Gabriella la primera vez que lo tuvo en brazos. ¡Qué guapo era! Rodolfo todavía recordaba cómo le bañaba Rosa.

—Eres guapísimo —murmuraba ella, secándole una y otra vez con la áspera toalla. La primera vez que aquella maniobra hizo que el diminuto miembro se pusiera erguido, Rosa se echó a reir y lo toqueteó con los dedos.

—Algún día, esa cosita se convertirá en un instrumento de placer que hará feliz a las mujeres.

A partir de entonces, se convirtió en una especie de ritual efectuar una inspección del pene.

—Estás creciendo, ¿eh? —decíale Rosa con seriedad burlona—. Sí, esto te está aumentando.

El niño no tardó en darse cuenta de que no había inspección del miembro cuando su madre estaba presente, y como era una cosa que su madre nunca hacía, comprendió que se trataba de un secreto compartido tan sólo por él y Rosa.

Aunque ésta no le había bañado desde los seis años de edad, continuaron compartiendo aquel rito secreto. A menudo, Rodolfo le regalaba cintas de colores que robaba para ella; a veces le ofrecía caramelos, y aunque a Rosa no le gustaba mucho lo dulce, él insistía para que se los comiera. Después del regalo, siempre había caricias y besos, y los gentiles dedos midiendo el pequeño instrumento. A medida que Rodolfo fue creciendo, las mediciones íntimas adoptaron un carácter mucho más íntimo, con un significado diferente. Rodolfo ya había oído a veces detalles desconocidos respecto a las relaciones entre hombre y mujer, relatados por los miembros más sofisticados de su banda, por lo que aquello que antes había sido tan sólo una sensación placentera se fue convirtiendo en el atrevido preludio de la conquista sexual. Pero desde la vez en que, tras un delicioso paroxismo de dolor, la mano de Rosa sostuvo la prueba glandular de una verdadera virilidad, la joven se había negado a celebrar de nuevo el secreto rito.

—Rodolfo —sonrió Rosa—, me alegro de verte.

—Hoy no tengo nada que regalarte —anunció el chico desde el umbral.

—Tonto... ¿Cuántas veces he de decirte que no tienes por qué traerme nada? ¿Por qué piensas que hay que comprar el cariño?

Fue hacia el muchacho y lo besó tiernamente en la frente. Rodolfo abrazó su gordinflona figura y empezó a frotar su pierna contra ella. Necesitaba más besos. Y algo más que eso. Necesitaba las caricias secretas que le demostrasen que era ya un hombre.

—No —le rechazó Rosa gentilmente—. Ya te dije que esto se acabó. Lo que hacíamos no era... no era bueno. Incluso podría llamarse «pecado». Si tu padre lo descubriera.

—¡Mi padre! —exclamó el chico, apretando los puños—. ¿Acaso mi padre ha de obstaculizar todos mis placeres, todo mi amor?

Con un sollozo, se acercó a la nodriza; mas ésta, lo mismo que su madre, también lo rechazó.

—Perdóname, Rodolfo, por lo que te he hecho y por lo que ya no volveré a hacer —afirmó cuadrando la barbilla—. Las cosas han cambiado. Ya no eres un niño. Y lo que deseas de mí no es inocente. Lo que quieres de mí es muy malo.

—¡Ya no me quieres! —la acusó él.

—Siempre te querré —protestó Rosa—. ¡Oh, Dios mío! —suspiró—. Ojalá supiera explicártelo mejor.

—¡No, no me quieres! —la apostrofó Rodolfo—. ¡Pues bien, cerda, yo tampoco te quiero!

Cogiendo un recipiente de cobre de la mesa, Rodolfo golpeó a Rosa en la barbilla y huyó sollozando de la casita.

Volvió a su casa donde recibió un castigo feroz. Después de haberle zurrado su padre, que se había enterado del incidente de la fuente por el doctor Converso, Rodolfo volvió a verse encerrado en el armario, privado de otra cena.

—Además, sinvergüenza— le gritó su padre a través de la puerta cerrada—, no te daré ni un sueldo en un mes.

Al día siguiente, imbuído de una sensación de injusticia por parte de su padre, Rodolfo se presentó en la plaza del pueblo dispuesto a poner en ejecución un plan destinado a obtener los caramelos que ansiaba, haciendo que su padre fuese quien los abonara. Se dirigió a la papelería donde Giovanni Guglielmi tenía una cuenta, compró diversos artículos a crédito, y los vendió a sus amigos por la mitad de su valor. Ya con el dinero en el bolsillo, adquirió gran cantidad de golosinas. Sentía curiosidad por ver cuánto tiempo tardaría su padre en descubrir su treta, y al mismo tiempo deseaba que aquél se enterase de su inteligencia y su abierto desafío.

Para su mal, Giovanni Guglielmi no llegó a enterarse de la nueva travesura de su hijo. Había contraído una enfermedad que le conducía a la muerte con penosa rapidez. Estando ya casi en la agonía, Giovanni se recostó sobre un codo y se dirigió a sus hijos:

—Hijos míos, amad a vuestra madre y a vuestro país por encima de todo.

Falleció aquella noche, mientras dormía.

Al cumplir los 30 años, Valentino hacía tiempo que había comprendido las relaciones entre sus padres con más madurez. En una carta dirigida a Chaw Mank, en la que Valentino hablaba del matrimonio de sus padres, escribió:

Recuerdo con la claridad borrosa que presta el tiempo, la muerte de mi padre. Había algo muy próximo y bello, muy querido e íntimo entre mi padre y mi madre. Creo que el suyo fue uno de esos amores que a veces se dan en la vida, uno de los amores conyugales más auténticos que haya visto en mi vida. En realidad, debo el idealismo que conservo respecto al matrimonio a aquel temprano ejemplo de mi existencia. Hay muy pocos matrimonios así.

Donna Gabriella decidió abandonar el pueblo de Castellaneta y trasladarse a la ciudad de Taranto, al sur de Italia, donde tanto ella como el difunto tenían parientes. Aunque el doctor Guglielmi había sido muy apreciado por la gente de Castellaneta, y Donna Gabriella había servido a dicha comunidad en calidad de maestra antes de casarse con Giovanni, el pueblo se alegró de la marcha de Rodolfo. Alberto y María eran muy sosegados y amables, pero todo el mundo pronosticaba sólo dolores y desdichas para el apellido familiar a causa de la mala conducta de Rodolfo.

Para un biógrafo, que tiene la ventaja de poder observar toda la vida de su sujeto, existe una profunda ironía en la comparación de la nube negra con que el joven Rodolfo salió de su pueblo natal y el ferviente triunfo que Castellaneta dedicó a su hijo predilecto a las 24 horas de su óbito. Distribuida a los habitantes del pueblo en un cartel, impreso en caracteres enormes y con bordes negros, la proclama decía en parte:

Ciudadanos:

Los esfuerzos de la ciencia no han podido salvar de las garras de la muerte a nuestro hijo que, en la lejana América consiguió evocar todos los ardores de nuestra patria y fue proclamado como soberano del arte cinematográfico.

Rodolfo Guglielmi ha muerto, invocando el dulce nombre du

su madre.

Intérprete sublime de las pasiones terrenas, fascinó a los públicos por sus grandes dotes artísticas, así como fue único en la expresión vivaz, como maestro perfecto de la mímica.

Nadie logró arrebatarle el puesto, y su expresión magnética arrobó a grandes masas de espectadores, que le adoraban férvidamente.

Él fue la expresión más auténtica de nuestro país, de nuestro espíritu.

Fue el hijo del veterinario-cirujano doctor Giovanni Guglielmi, que tanto bien hizo en nuestra localidad, y de su adorable esposa, cuyas nobles cualidades de corazón todos conocíamos. Rodolfo Valentino, como se llamaba en el arte, nació en esta tierra de sol... nos pertenece...

La sincera expresión de nuestro pesar se dirige a su memoria, con el saludo dolorido de todos nuestros amigos, que para siempre inmortalizarán su genio.

En todas partes se le han rendido a Valentino grandes honores, y Castellaneta, al recordarle con sumo pesar, le ofrece el último y mejor tributo de afecto.

El tiempo, que cicatriza todas las heridas (especialmente, las debidas a un niño), logró que sus paisanos de Castellaneta considerasen las travesuras juveniles de Rodolfo como la manifestación de un genio y no la de un malvado, como habían declarado mucho antes.

El traslado de Castellaneta a Taranto no produjo un cambio inmediato en la personalidad de Rodolfo, a la sazón con doce años de edad: durante dos años asistió al Instituto «Dante Alighieri», y después, con gran desesperación suya, fue enviado a una Academia Militar. Aunque tanto Valentino como sus agentes de publicidad proclamaban su «gran educación universitaria», los estudios efectuados en el «Dante Alighieri» correspondieron solamente a los de las escuelas primarias de Norteamérica. En el colegio se mostraba muy obtuso, se comportaba mal, y era imposible dominar sus travesuras. Sin embargo, poseía cierta inclinación a los idiomas, y posiblemente hubiese sido un buen políglota de haber intentado aplicarse en el estudio. El joven Rodolfo prefería pasar el tiempo leyendo novelas de aventuras y proyectándose mentalmente como un bandido de leyenda, un gitano o un torero en busca de una gloria rápida y sangrienta. La estricta disciplina de la Academia Militar no consiguió extirpar aquella inclinación hacia el romance, como tampoco lo habían podido los maestros de Castellaneta.

Un día, en la Academia dieron fiesta a los alumnos para que pudiesen salir a la calle y contemplar el paso de la comitiva del Rey Victor Manuel, que debía atravesar la ciudad. Rodolfo, sin embargo, se quedó en el dormitorio general, en ropas interiores, como castigo a otro acto de insubordinación. Estuvo llorando en su cama varios minutos. Negarle ver al Rey era un terrible golpe para su romántica naturaleza. Cuando oyó las excitadas charlas de la muchedumbre agolpada en las calles, se incorporó y se restregó los ojos con los nudillos. Cuadrando la mandíbula con plena determinación, resolvió que no podía perder aquella oportunidad de vitorear a su Rey. Por tanto, rompió la cerradura de la taquilla donde tenía sus ropas, vistióse el uniforme de cadete, colorado y azul, y salió a la calle.

Los vítores eran ensordecedores. Se acercaba el Rey. Lágrimas de frustración acudieron a los ojos de Rodolfo cuando intentó romper las filas de la multitud con el fín de estar lo más cerca posible del cortejo. Las anchas espaldas de la gente le impedían la vista y el paso. Como el público se movía incesantemente, Rodolfo no tardó mucho tiempo en verse apretujado contra una farola. Entonces, se asió al poste inspirado por el instinto de conservación y el deseo de ver al Rey; de repente, se halló en el mirador más perfecto de la ciudad. Abrazando el poste metálico con las rodillas, ascendió cada vez más arriba de la multitud. Cuando el Rey Víctor Manuel pasó en su negra carroza, sonrió y dirigió un saludo especial al joven cadete que agitaba su gorra con una mano y se asía a la farola con la otra.

Después del desfile, el comandante de la Academia le dedicó al desobediente cadete otro saludo... de despedida, y al día siguiente enviaron a Rodolfo a su casa.

Donna Gabriella, acto seguido, matriculó al renuente estudiante en el Colegio de la Sabiduría, esperando que el estudio de la Medicina conquistaría a su inquieto hijo y le permitiría a ella realizar su sueño dorado de tener un cirujano de nuevo en la familia. Rodolfo desengañó pronto a su madre, abandonando la Facultad de Medicina al cabo de unas semanas para anunciar su decisión de ser oficial de Caballería para poder lucir aquellas «largas y gloriosas capas azules».

La riqueza de los Guglielmi, no obstante, no era lo bastante grande como para poder mantener a un aspirante a oficial de Caballería, y Rodolfo se vio obligado a solicitar el ingreso en la Real Academia de la Armada. Siempre orgulloso de su físico y su fuerza, el muchacho se sometió al examen médico requerido a los aspirantes a cadete con su arrogancia de costumbre. Cuando el médico le rodeó el pecho con la cinta métrica, el joven quedóse pasmado al ver que el galeno chascaba la lengua y le decía:

—Lo siento, chico. Tu forma física es excelente pero a tu pecho le faltan dos centímetros de expansión.

Rodolfo sintióse humillado. El osado Musolino, el poderoso muchacho travieso, el atrevido bandido, se veía rechazado a causa de un defecto físico. Inmediatamente emprendió una campaña de gimnasia que desarrolló satisfactoriamente su pecho; más adelante utilizó esta anécdota de su humillación física como iniciación de las entrevistas que terminaban con la revelación de su famoso físico. Confesaba su vergüenza de adolescente sin rebozo y se deleitaba ante los incrédulos comentarios de los periodistas, que encontraban aquel rechazo hecho al Gran Amador por causas físicas como algo totalmente incomprensible. Casi todas las películas de Valentino contenían una secuencia en la que se le veía vestirse o desnudarse a fin de que sus admiradoras femeninas pudiesen encantarse con la belleza de su torso al descubierto.

A los 15 años de edad, Rodolfo ingresó en la Real Academia de Agricultura, y por primera vez cosiguió completar un curso entero de estudios. Los agentes de publicidad lo presentaron más adelante como «el primero de clase, lleno de diplomas y premios», mas Hollywood siempre fue célebre por la concesión de los sellos Phu Beta Kappa, los honores falsos y los asombrosos coeficientes de inteligencia de sus estrellas grandes y menores. Sea como fuere, Rodolfo Guglielmi se graduó con un certificado que le daba pleno derecho a practicar como agricultor científico. Varias biografías de Valentino lo presentan como deseoso de «trabajar por su cuenta y poseer algunos acres de tierra que labrar». En realidad, el *Jeque* no tenía intenciones de llegar a ser estrella de cine en absoluto, como creían sus seguidores. Valentino llegó a California con el propósito de practicar su profesión de «agricultor científico» en aquella tierra rica y fértil.

La verdad era, claro, que Rodolfo estaba demasiado imbuido de leyendas y romances para tomarse en serio una carrera agrícola. A los 18 años alcanzó su máxima estatura, 1 metro y 72 centímetros, habiendo desarrollado un cuerpo esbelto y muscular, con un pecho muy superior al que había presentado en su solicitud de ingreso en la Academia Naval. Su rostro era más redondeado que cuando llegó a ser famoso, y llevaba bigote para aparentar más edad. Ya no era el muchacho travieso, pues había adquirido unos modales seductores que ocultaban sus dudas personales, carácter adquirido a raíz de sus fracasos de adolescente. No era ya el tremendo rebelde, habiendo recobrado el amor de su madre, y a Alberto y María ya no les molestaba reconocerlo como hermano. Auténticamente consciente de su triunfo personal después de conseguir el diploma en la Real Academia de Agricultura, Rodolfo jamás olvidó los choques habidos en su niñez con su padre. La humillación sufrida en la casita de Rosa se hallaba ya recluida en un oscuro rincón de su subconsciente.

Y fue este nuevo Rodolfo quien obtuvo de su madre el permiso para ir a París. Fue en la Ciudad de la Luz donde el joven conoció la clase de existencia que podía ofrecer la más completa satisfacción a sus anhelos románticos. También fue en París donde Rodolfo fue iniciado en la existencia sexual y subterránea de los homosexuales y donde aprendió que la juventud y la hermosura pueden conseguir el éxito.

3

Desde el principio, a Rodolfo le atrajo la vida nocturna de París. Aunque le había prometido a su madre que buscaría un empleo respetable, pasaba horas y horas en los *bistros* (1), bebiendo licores y contemplando a los bailarines profesionales. Estaba totalmente fascinado por los hombres y las mujeres gráciles, de suma agilidad, que pirueteaban y giraban por los escenarios y pistas de aquellos locales atestados de gente y llenos de humo. Le cautivaban de manera especial las danzas apaches, que interpretaban el apareamiento salvaje al ritmo de la música. En la mente romántica de Rodolfo, la danza apache dramatizaba el dominio erótico del hombre sobre la hembra. La forma casi despreciativa con que el macho se apoderaba de la mujer y la arrastraba rudamente por la pista, el servilismo de ella, plegándose a todos los caprichos del hombre, los movimiento sugerentes de los dos cuerpos al juntar-

(1) Aunque originariamente tuvo la significación de *taberna* o *cafetín*, hoy día, por extensión, la palabra francesa *bistro* también designa los restaurantes y salas de fiesta en su mayoría. (*N. del T.*)

se... Todo esto era como fuego en las venas del joven italiano.

No pasó mucho tiempo antes de que la religiosa asistencia del italiano guapo fuese debidamente observada por varios bailarines y sus parejas, entre los cuales se murmuró prestamente que el joven estaba siempre dispuesto a una copa con cuantos artistas acudían a su mesa.

Una noche, estando admirando la actuación de Jean Martin y Coco, una atractiva pareja cuya habilidad gustaba singularmente a Valentino, se aproximó a su mesa un caballero elegante, de buen aspecto, que contaría unos cuarenta y cinco años.

—Espero que no le moleste que me siente a su mesa —manifestó el recién llegado con una sonrisa simpática.

Rodolfo asintió con la cabeza y continuó dedicando su atención a Jean Martin y Coco.

Estuvieron ambos callados hasta la terminación del número, y entonces aplaudieron con gran entusiasmo.

—Son magníficos, ¿verdad? —pregunto Rodolfo a su compañero de mesa con acento francés, muy italianizado.

—Soberbios —expresó el desconocido.

Éste, luego, le pidió al camarero una botella y dos vasos.

—No es necesario, *monsieur* —protestó Rodolfo—. Tengo dinero.

El otro se encogió de hombros, dejando ver de nuevo su simpática sonrisa.

—Como parisién, me siento en la obligación de demostrar a un turista la famosa hospitalidad francesa. Por su acento supongo que usted es italiano.

—Me llamo Rodolfo Guglielmi y soy de Tarento.

Su interlocutor volvió a sonreir.

—Yo me llamo Claude Rambeau. ¿Está usted solo? ¿Cómo un joven de su edad se halla solo en una capital enorme?

Rodolfo frunció el ceño, acariciándose inconscientemente una guía del bigote.

—Tengo dieciocho años y en Italia a esa edad uno ya es hombre.

—No pretendí ofenderle —asintió Claude—. Diga, ¿le gustan los bailarines?

—Vengo aquí casi todas las noches —repuso Rodolfo—. Jean Martin es como un felino, todo músculos y nervios, y Coco es la mujer más hermosa de París.

—Es usted muy generoso en sus alabanzas —rió Claude—. ¿Suele declarar sus sentimientos delante de las personas a las que admira?

En aquel instante, el camarero puso sobre la mesa lo pedido, y Claude le susurró algo al oído.

—¿Qué le ha dicho? —quiso saber Rodolfo, cuando el camarero se alejó.

Claude se limitó a sonreir por encima del borde de la copa y guardó silencio. Unos momentos después, Rodolfo tuvo la respuesta. Su ídolo, Jean Martin, se acercaba a la mesa.

—Buenas noches, Claude —saludó el bailarín con un cigarrillo en la boca.

Tenía unos ojos oscuros, ahora casi entornados, y apoyaba sus finas manos en las caderas. Después de saludar a Claude, volvióse hacia Rodolfo, y sus ojos bizquearon a través del humo del cigarrillo. Cuando habló, parte de la ceniza cayó sobre la chaqueta de Rodolfo.

—¿Es éste uno de tus nuevos amiguitos?

—Te presento a Rodolfo Guglielmi, de Taranto, Italia —contestó Claude—. Nos hemos conocido esta noche. Es un gran admirador tuyo.

Jean Martin gruñó. O tal vez se aclaró la garganta. Rodolfo jamás disipó esta duda. Su actitud había sido bastante enigmática.

—Considero que su número es de los mejores que se dan en París —alabó Valentino.

Martin permaneció frío. Al fin se quito el cigarrillo de entre los labios y dejó escapar de su nariz dos hilillos de humo.

—Ah, usted todavía no ha visto el baile de nuestro gran Claude —masculló secamente—. ¿O te verá actuar más tarde, Claude?

—No seas cretino, Jean —le riñó el francés—. Este joven te admira sinceramente.

—Entonces le doy las gracias, jovencito italiano.

El bailarín se inclinó levemente ante Rodolfo, giró sobre sus tacones y se alejó.

—No debió llamarle a nuestra mesa —murmuró Rodolfo—. Me ha tomado por un asno. No sé, supongo que le ofendí sin querer.

—No, no tiene nada que ver con usted, Rodolfo —replicó Claude suavemente.

—¿Qué quiso decir con lo de su baile? ¿Es usted bailarín, Claude?

Antes de contestar, Claude volvió a llenar su copa.

—En cierta ocasión, actué con la Compañía del Ballet de París. Oh, no lo hacía mal..., pero hace de esto mucho tiempo.

—Sin embargo, Jean Martin ha dicho que tal vez podría verle actuar.

—Tonterías. Sus bromas son un poco necias y pesadas. Bien —añadió Claude, sonriendo con alguna crispación—. Ahora que ya ha visto y hablado con su ídolo, ¿me permite que le enseñe el verdadero París?

Rodolfo sentíase incómodo ante la sonrisa fascinante de Claude. El joven aventurero estaba un poco conmovido por la amistad y la generosidad del hombre, pero al mismo tiempo había algo en sus modales que le cohibía.

—No, gracias, Claude —rechazó Rodolfo—. Es usted muy amable, pero deseo volver a aplaudir a Jean Martin y Coco.

—¿Ya ha encantado la serpiente al pájaro? —sonrió Claude con tristeza.

—Ya sé que mis alabanzas no le han entusiasmado —admitió Rodolfo—, mas no importa. Viéndole, aprenderé mucho. En realidad, me gustaría ser bailarín.

—Entiendo —asintió Claude, arqueando una ceja—. Bien, entonces buenas noches, Rodolfo. Sé que volveremos a vernos.

Rodolfo tuvo muy poco tiempo para tomar un sorbo y reflexionar sobre el hombre que acababa de marcharse, porque la orquestina volvió a preludiar la danza sensual que interpretaban Jean Martin y Coco. Una vez más, el joven italiano observó cada uno de los movimientos insinuantes de los bailarines, al interpretar su número. Al finalizar el baile, Rodolfo apuró su copa y se puso de pie. Estaba decidido a volver a la noche siguiente.

—Un momento, joven —dijo de pronto una voz a sus espaldas.

Ante su inmenso asombro, era Jean Martin. El bailarín había acudido a la mesa al concluir la pieza. Estaba un poco fatigado por el esfuerzo que acababa de realizar y el sudor resbalaba por sus mejillas, cayendo las gotas sobre el pañuelo rojo que llevaba anudado a la garganta.

—Veo que no se ha marchado con el viejo pederasta —sonrió Martin, callando un instante para recobrar el aliento—. Tal vez le juzgué mal. Tal vez no es usted el nuevo juguete de Claude.

Rodolfo abrió la boca, cosa que le pareció ridícula.

—¿A qué se refiere? —preguntó al fin.

Jean Martin se echó a reir y después, imitando la forma de andar del antiguo bailarín de ballet, el viril apache le informó a Rodolfo que había compartido la mesa con uno de los homosexuales más conocidos de París. El pseudo apache pareció divertirse ante la confusión de Rodolfo, y le palmeó con fuerza la espalda.

—Le debo una disculpa —reconoció el bailarín—. Me porté mal con usted. Pero no me gusta que ese marica viejo traiga aquí a sus amiguitos, y supuse equivocadamente que usted era una de sus últimas conquistas.

Rodolfo deseaba decir algo que expresase su indignación, y que al mismo tiempo indicase que perdonaba y olvidaba aquel tremendo error, pero sus cuerdas vocales parecían paralizadas ante la presencia del bailarín.

—Dígame —continuó Jean Martin—, ¿es cierto que ha venido aquí varias veces sólo para vernos bailar a Coco y a mí?

—Son ustedes soberbios —asintió Rodolfo—. Si yo supiese bailar como usted, me consideraría el más afortunado de los mortales.

Jean Martin compuso una mueca, aunque era obvio que los elogios del italiano le complacían. Condujo a Rodolfo a una mesa y llamó al camarero.

—¿Baila usted también? —preguntó.

—Daría mi oreja izquierda por aprender —confesó Rodolfo, embarazado por su propia franqueza.

El apache sonrió.

—Posee usted un rostro demasiado perfecto para arruinarlo con una oreja menos —de pronto se echó a reir—. ¡Maldición! Yo también parezco un mariquita, ¿verdad?

Rodolfo rió muy alto y los de la mesa contigua dejaron de charlar para mirarle. Había bebido ya demasiado.

—Lo que quise decir —explicó Jean Martin— es que no necesita desfigurarse para aprender a bailar. Yo le enseñaré.

Rodolfo pensó que sus oídos le estaban jugando una mala pasada. ¡Jean Martin se ofrecía a enseñarle a bailar! No podía dar crédito a lo que estaba oyendo. Y no obstante era cierto, y el bailarín volvía a repetir su oferta. Esperaba a Rodolfo a la tarde siguiente.

En los años posteriores, Valentino observó a menudo que aquel verano de 1913 fue el más feliz de su vida. Abandonó la idea de buscar un empleo y vivió del dinero que su madre le había entregado a cuenta de la herencia paterna. Pasaba las mañanas paseando, «empapándose en la cultura y la belleza de la ciudad y su gente».

Bajo la temprana tutela de su madre, hacía ya tiempo que Rodolfo era un auténtico apóstol de la belleza, y París ofrecía un verdadero festín a sus sentidos. Rodolfo poseía una sensibilidad que le permitía apreciar de igual manera los desnudos de las salas de fiesta que los arrugados rasgos de una pordiosera del Mercado de las Pulgas (1).

«El desnudo es lo más hermoso del mundo», le escribió Valentino en una carta a Chaw Mank. Después, para perfilar

(1) Mercado de compra-venta y trastos viejos de París. (*N. del T.*)

mejor su posición ante la belleza, continuó: «Tal vez debería aclarar con más humildad que me gusta encontrar y ver la belleza allí donde está. Y ciertamente, sé que cuando la encuentro y la veo, la adoro, bien sea una belleza de la naturaleza, o una belleza de mente y espíritu. No soy un sentimental. No siempre me parece hermosa una puesta de sol por el simple hecho de serlo. No siempre me siento fascinado o extasiado por ella. Porque un poema sea un poema o una canción una canción, no cruzo mis manos sobre el pecho y suspiro «¡qué maravilla!». Ni porque una mujer sea una mujer, afirmo con el corazón palpitante que es la obra maestra de Dios, una divina acólita de Venus o el loto del amor. Cuando una mujer es hermosa, es un milagro. Cuando no lo es..., es una mujer a la que respeto y compadezco.»

En las «tardes gloriosas» de aquel verano de 1913, Rodolfo se dirigía al *bistro* donde trabajaban sus amigos y recibía enseñanza respecto a los diversos pasos del baile. Mientras la pareja ensayaba y Rodolfo recibía sus lecciones, el local se iba llenando con los clientes de la Orilla Izquierda que conversaban seriamente sobre danza, poesía y música. Todos pertenecían al mundo del espectáculo, eran artistas o escritores que reían los convencionalismos y se burlaban abiertamente de la moralidad tradicional.

Al joven idealista que era Rodolfo le asustó al principio saber que varias parejas, incluyendo la de Jean Martin y Coco, vivían juntas sin haber pasado por la iglesia. Mas cuando vio cuán felices eran sus amigos, que casi nunca se peleaban ni reñían, se convenció de que aquella alianza bohemia era preferible al matrimonio sagrado. Sin embargo, estaba mucho más preocupado por sus pasos de baile apache que por la vida amorosa de sus maestros. Desde el principio, éstos alabaron su gracia natural. Sus movimientos, su actitud en general, no resultaban sofisticados, le dijeron, y su cruda vitalidad natural presagiaba un inmenso potencial.

Todas las tardes, Rodolfo tomaba parte en los ensayos de la pareja. Todas las noches, asistía a sus actuaciones con la completa dedicación con que un buen estudiante toma notas de las lecciones de su catedrático.

Unas semanas más tarde, Rodolfo estaba bailando con Coco.

—No pasará mucho tiempo antes de que el aprendiz pueda enseñar un par de cosas a sus maestros —le espetó la bailarina de oscura cabellera a Jean Martin—. Cuando Rodolfo baila como un apache, *es* un apache.

Era verdad. Cuando Rodolfo caía en trance bajo el hechizo de la música, se transformaba por completo. Era el apache varonil haciéndole el amor a su hembra. El encanto de la música y la danza no consiste únicamente en permitir que el bailarín asuma una personalidad durante el número; la verdadera magia reside en el hecho de poder adoptar eternamente el papel que entraña la pasión del baile, tal como Valentino se había convertido en Musolino, en torero y en pirata siendo niño.

A menudo, Claude Rambeau presenciaba las lecciones

que Rodolfo recibía de Jean Martin y sus amigos. Aunque algunos bailarines parecían despreciar abiertamente al homosexual, nunca lo arrojaban de su lado. Muchas veces, se presentaba acompañado de un joven delgado y pálido de cara, que se sentaba en silencio al lado del antiguo bailarín de ballet. Rodolfo siempre sentíase disgustado cuando Claude hacía gala de sus aficiones, y en cierta ocasión experimentó verdadera repugnancia hacia sí mismo al permitir que su mente meditase sobre aquel tema.

Algunas noches, Claude se sentaba en la mesa de Rodolfo, mientras éste asistía a las actuaciones de Martin y Coco. Aunque Rodolfo nunca le invitó, tampoco rechazaba su compañía. Se limitaba a sorber lentamente la copa que Claude le hacía servir inevitablemente y respondía a las frases del otro con monosílabos. A medida que la noche avanzaba, Rodolfo sentíase cada vez más molesto ante la melancolía de Claude y sus pacientes sonrisas.

Una noche, después de la última actuación, Claude se inclinó hacia el joven y le susurró una invitación declarada. Rodolfo palideció, y sintió sus ojos arrasados en lágrimas de embarazo y cólera. El otro se encogió de hombros, dejó un billete encima de la mesa y se despidió de Rodolfo.

Jean Martin, que había observado la escena, fue hacia la mesa de su joven amigo.

—Ese viejo pederasta te ha estado molestando todo el verano —rezongó—. ¿Por qué no lo mandas al infierno?

Rodolfo evitó la mirada de su maestro de baile y jugueteó con su copa.

—¿O no sabes si, en realidad, quieres que te deje tranquilo?

Rodolfo levantó la vista, sobresaltado.

—Dime una cosa —preguntó Jean Martin—: Tú eres virgen, ¿verdad?

Al joven italiano le ardieron las mejillas. Tenía la boca y la garganta secas.

—Lo sospechaba —suspiró el bailarín—. Rodolfo, amigo mío, ha llegado el momento de que elijas.

—¿Elegir? —repitió Rodolfo, incapaz de coordinar dos palabras seguidas.

Jean Martin acercó su cara a la de Rodolfo.

—Tienes que decidir si prefieres hacer el amor con los hombres o con las mujeres, y te aseguro que jamás serás un buen bailarín si no haces el amor.

Cuando se llevó la copa a los labios, las manos de Rodolfo temblaban.

—Oh, los hay a quienes les gusta todo —prosiguió Jean Martin—. Roger y Paul, por ejemplo, ya los conoces. Se van con hombres, con mujeres o se consuelan mutuamente, sólo por el afán de hacer el amor. Personalmente, no me gusta la homosexualidad, aunque me veo obligado a admitir que es preferible a ser virgen.

Rodolfo sirvióse otra copa de la botella dejada por Claude.

—¿No es posible amar espiritualmente, con un amor

puramente anímico, hasta que encuentras el amor puro? —inquirió en voz baja.

Jean Martin se echó a reir y Rodolfo sintióse al momento como un perfecto necio.

—Sentimientos nobles y exquisitos, mas son las palabras de un chiquillo, no de un hombre —se inclinó aún más hacia su oyente y continuó—: No me burlo de tí por tu falta de experiencia, Rodolfo. Ignoras el placer de montar a una mujer y sentirte un verdadero hombre. Mira cómo nos contempla Coco. ¿No es una criatura magnífica? Escúchame: irás con ella al apartamento. Yo me detendré en cualquier sitio a tomar una copa. Una vez hayas hecho el amor con una mujer como Coco, le escupirás a Claude a la cara, y a los demás maricas.

Rodolfo miró boquiabierto a Jean Martin.

—¿Me ofreces que vaya a casa con Coco, tu mujer, y haga el amor con ella?

—Naturalmente —asintió el bailarín, palmeando la espalda de Rodolfo.

—¡No puedo!

—¿No puedes?

—Bueno... Coco te pertenece. Te ama. Tú eres mi amigo...

—¿Para qué están los amigos? —sonrió Jean Martin—. Para ayudar en un momento de necesidad. Y, amigo mío, tú sientes una gran necesidad. Debes dominar la tormenta que ruge en tu interior. Aguarda aquí. Hablaré con Coco. Le gustas mucho. No temas, ella te ayudará.

Rodolfo estaba sumido en un mar de confusión. Negar que Coco era muy deseable era cometer perjurio en el Tribunal de Venus. Negar que más de una vez había pensado lo agradable que sería acostarse con ella, era mentir delante de Eros. Pero esto se hallaba fuera de su comprensión. Si Jean Martin la amaba realmente, ¿por qué se la ofrecía a otro hombre?

De pronto, Coco estuvo a su lado, con su negra cabellera cayendo suelta sobre sus hombros, los labios recién pintados entreabiertos en una sonrisa invitadora.

—Vamos, Rodolfo.

Más adelante recordó apenas nada del paseo hasta el apartamento. Ya había estado allí algunas veces, pero aquella noche, de no haberle guiado Coco, no habría sabido localizarlo. Primero, buscó un poco de respiro en el cuarto de baño; cuando salió, Coco estaba desnuda, sentada al borde de la cama.

—Ven —le llamó—. No te avergüences. Dicen que la primera vez es la mejor. Me honro siendo tu primer amor, Rodolfo.

El joven se quitó los pantalones y los colgó cuidadosamente en el respaldo de una silla.

—¿He de desnudarme completamente? —inquirió.

—Posees un cuerpo maravilloso, querido —sonrió

Coco—. No te avergüences de él.

Rodolfo se quitó la ropa interior y Coco, al ver el pene flojo, exclamó divertida:

—Bueno, vamos a hacer que esa cosita crezca, ¿verdad?

Al instante, Rodolfo volvió a verse en la casa de Rosa, y otra vez experimentó el dolor intenso de aquella antigua humillación.

—Esa cosita no ha de tener vergüenza —agregó Coco, levantándose y restregando su desnudez contra la del joven—. Yo te ayudaré.

Era una mujer, no una Madonna. Era una belleza que exigía un tributo físico, no un homenaje espiritual. Los esfuerzos de Coco para enderezar aquel pene sólo sirvieron para recordarle a Rodolfo los intentos de Rosa encaminados a lograr «que aquella cosita creciera». No podía soportar de nuevo que unas tiernas caricias se viesen convertidas en el rechazo, en la acusación y la condena del pecado.

—Lo... lo siento —sollozó Rodolfo, cogiendo su ropa—. No puedo. Sé que deseas ser amable conmigo, pero no puedo... Lo siento.

Cuando él corría escaleras abajo, Coco le gritó algo. Rodolfo no prestó atención, aunque más tarde comprendió que no había querido oírlo. Acababa de rechazar los favores de una mujer hermosa, y ella, a su vez, le había maldecido con el más odiado de los insultos:

—¡Estúpido maricón!

Corrió por las estrechas calles sin hacer caso de la llovizna que empezaba a relucir sobre el empedrado. La terrible depresión que acompañó al conocimiento de su fracaso sexual, hizo que Rodolfo maldijese largo rato. Una y otra vez, resonaban en su cerebro las palabras de Jean Martin:

«Jamás serás un buen bailarín si no haces el amor en absoluto... Tienes que elegir... Tienes que decidirte... La pederastia es preferible a no hacer el amor... Elige... Coco te ayudará...»

Pero Coco no le había ayudado. Él no había sentido responder. Había insultado la feminidad de Coco al no poder complacerla. Se apoyó contra una farola y dio rienda suelta a las amargas lágrimas de frustración. ¿Estaba condenado a ser un incompetente sexual? Volvió a oir las palabras de Jean Martin:

«Personalmente, odio la paderastia, aunque me veo obligado a admitir que es preferible a no hacer el amor en absoluto.»

Al principio, la idea le asqueó, pero tras alguna reflexión, reanudó su camino. Todavía no estaba condenado a la soledad sexual. Existía la otra cara de la moneda que aún no había probado, y sabía que muchos se mostrarían más que dispuestos a iniciarle en esta forma de expresión erótica.

Al fin, avistó la muestra de un *bistro* que Claude había mencionado en cierta ocasión. Jean Martin le había contado que aquel local era frecuentado por homosexuales. Antes del terrible fracaso de aquella noche, Rodolfo había evitado aquel establecimiento como si fuese un hospital de leprosos, pero ahora, en la agonía de su condenación sexual, el asco acababa de ser reemplazado temporalmente por la desesperación.

Cuando Rodolfo empujó la puerta, su actitud era la del que se debate entre los pecados del desajuste sexual. Por desagradable que ello fuese, debía saber por sí mismo qué cara de la moneda era la suya.

Dentro del bar, todos los ojos se concentraron en él, como limaduras de hierro convirgiendo en un imán. Sintióse aliviado al divisar a Claude sentado a una mesa, jugando a cartas con tres jóvenes. Claude parpadeó de sorpresa al ver a Rodolfo en el *bistro,* y se puso en pie con una expansiva sonrisa de bienvenida.

—Buenas noches de nuevo —exclamó—. ¿Te has perdido o estás buscando respuestas a ciertas preguntas?

—He venido —repuso Rodolfo—, para tratar de un asunto que usted mencionó esta misma noche.

Claude asintió, frunciendo los labios pensativamente. Era obvio que estaba muy contento.

—¿Quieres acompañarnos y tomar algo?

Como si un perverso marionetista tirase de las cuerdas de su cuerpo, Rodolfo aceptó la invitación del elegante caballero y sentóse entre los demás jóvenes, que se miraban entre sí, guiñando el ojo.

—No luches contra ello —le aconsejó un chico pecoso, casi de su misma edad—. Una mujer no es ninguna diosa sólo porque tenga un agujero entre las piernas.

Tras varias copas, Rodolfo acompañó a Claude a su apartamento. Primero, se disculpó por tener que vomitar. Cuando salió del cuarto de baño, Claude ya estaba desnudo, listo para la tarea.

—Permite que te ayude —murmuró, aflojando el cinturón de Rodolfo y bajándole la cremallera.

Su aliento era cálido junto a la mejilla del joven, y seguramente acababa de perfumarse la garganta.

—No te asustes, querido —prosiguió Claude—. Seré gentil contigo.

Al mediodía siguiente, Rodolfo despertóse con una terrible resaca. Había bebido continuamente toda la noche, porque una vez hubo descubierto que aquello no dolía tanto como temía, acabó por aburrirse. Claude había estado con él casi hasta el amanecer, y de no haber sido por el vino, Rodolfo se habría vuelto loco.

Ya en su apartamento, pasó varios minutos delante del espejo acusándose de actos contra la naturaleza, de obscenidades y persecuciones eternas, pero no consiguió sentirse humillado ni rebajado, ni logró despertar en su conciencia sentimientos de culpa o remordimiento alguno. Tampoco había descubierto el nirvana sexual. Toda la experiencia había sido un desencanto tremendo para el romántico apóstol del amor.

Abandonó París a la noche siguiente en compañía de dos

amigos italianos. Sobrecogidos por una compulsión febril, él y sus compatriotas se dirigieron a Montecarlo y jugaron hasta que no quedó ni un centavo del dinero que le había dado su madre.

Cuando volvió, su madre se echó a llorar. Rodolfo confesó que había sido un granuja y no podía ofrecer explicación alguna para sus acciones. Casi deseó que volvieran a pegarle y a encerrarle en el armario. Seguía siendo el mismo crío travieso. Acababa de manchar el apellido de los Guglielmi, dejando tristes y mohinos a Alberto y María. Donna Gabriella le reprochó severamente todo cuanto había hecho y le amenazó con decírselo todo a su tío, para que éste le castigara como merecía.

La vida en Taranto ya le pareció suficiente castigo a Rodolfo, y como dijo él mismo cuando le contó toda la historia a Mae Murray, que se convirtió en su confidente de América, las duras restricciones que su familia le impuso sólo sirvieron para acrecentar sus inquietudes. Mientras los demás pensaban que estaba haciendo penitencia por sus pecados de prodigalidad, se alejaba de casa para ver a un actor que formaba parte de un teatro ambulante que actuaba en la ciudad. El actor le presentó a una joven actriz, la cual convenció fácilmente a Rodolfo para que ingresara en la compañía y viviese con ella durante la gira.

Esta doble proposición le pareció a Rodolfo una maravillosa oportunidad de reafirmar su independencia y evaluar de nuevo su virilidad.

Tío Guglielmi fue a ver a Rodolfo, como una terrible tormenta que zarandea a una barquichuela, cuando se enteró por Donna Gabriella de las nefastas intenciones de su sobrino. Mientras su madre lloraba, el cura suplicaba y el tío maldecía, Rodolfo permaneció sentado, con las manos cruzadas.

—¡Tu padre abandonó el hogar para unirse a un circo! —recordó tío Guglielmi, golpeando un puño con la palma de la otra mano—. ¡Ya basta con un vagabundo en el árbol familiar! ¡Respeta al menos el apellido de tu familia!

—¡Respeta también los sentimientos de tu madre! —suplicóle el cura.

Tras varias horas de llanto, ruegos y juramentos, el tío de Rodolfo que era el encargado de administrar los bienes de la familia, dejó caer los brazos y decretó:

—Está claro que Rodolfo nació para ser un harapiento. Si quiere manchar el apellido de los Guglielmi, es mejor que lo haga en América, donde su vergüenza no llegará hasta nosotros.

Entregaron a Rodolfo los cuatro mil dólares de la herencia y un pasaje para el transatlántico *Cleveland,* que zarpaba de Hamburgo.

—Con excepción de mi madre, mis parientes ansiaban no volver a oir hablar nunca más de mí —le contó Valentino años más tarde a un amigo.

4

Rodolfo tuvo la primera visión de Nueva York dos días antes de la Navidad de 1913, en una mañana fría y brumosa.

—¡Los rascacielos! —gritó una voz cuando un rayo de sol rasgó la bruma.

Rodolfo pidió en italiano que le tradujesen aquella frase. Cuando comprendió su significado, pensó que eran estupendos. Para el joven romántico, Nueva York era una ciudad blanca y altísima, asentada entre nubes, con los edificios elevándose unos más altos que otros, con sus campanarios y sus viejas almenas.

Después de pasar por la aduana, Rodolfo se dirigió a Nueva York. En el buque había conocido a un italiano que ya había estado antes en la ciudad. Aquel individuo le dio a su joven compatriota algunas instrucciones para que supiera encontrar su camino sin perderse y le enseñó las palabras más necesarias, puesto que Rodolfo no sabía inglés.

Tomó el transbordador de la calle Treinta y Nueve que atraviesa los muelles, hasta Battery, y se fue directamente al

Banco Brown Brothers de Wall Street para convertir en dinero una carta de crédito. En el *Cleveland* había tomado parte en una partida de cartas que se llevó todo su dinero, de manera que no pudo liquidar sus cuentas con el contador del barco, y se vio obligado a dejar su equipaje a bordo.

Le había aconsejado una pensión italiana, Casa Giolitto, de la calle Cuarenta y Nueve Oeste, donde probablemente conseguiría habitación. De acuerdo con este consejo, cogió el metro hasta la estación Grad Central, donde volvió a tierra y anduvo hacia la Quinta Avenida, que ya sabía era la calle que dividía la ciudad. En Casa Giolitto, Rodolfo alquiló un dormitorio, una salita y un baño en la parte delantera de la pensión. Los cuatro mil dólares de su herencia parecían una cantidad inagotable, de modo que nada le parecía bastante elegante para él. Llevaba también una carta para el Comisionado de Inmigración, explicando que se había graduado en la Real Academia de Agricultura y que podía ser empleado como jardinero. Su hermano Alberto le recomendó que presentara inmediatamente la carta y tratara de conseguir un trabajo lo antes posible. Rodolfo guardó la carta en un cajón del escritorio. Ya tendría tiempo de trabajar; antes quería gozar de la ciudad.

Cuando salió del restaurante Rector, después de devorar un almuerzo de tres platos, empezaba a llover. Rodolfo comprendió que era imprescindible ir a buscar sus baúles al buque aquel mismo día, y con cierta sensación de anticipación, también comprendió que se veía obligado a viajar en Metro.

Se acercó a un policía de tráfico y pronunció un inglés intraducible:

—Final de Broadway. Buque *Cleveland.* Final de Broadway.

Era todo lo que sabía decir para explicar su situación, por lo que repetió las mismas frases una y otra vez. Ocasionalmente, el policía escuchaba al joven italiano, mas de pronto empezó a tocar el silbato y a gritar furiosamente contra un desdichado conductor. Al fin, con el lenguaje de los signos que no necesita traducción, envió a Rodolfo a paseo.

El joven estaba ya empapado por la lluvia. No servía de nada continuar mojándose en medio de la calle. Rezándole a cualquier santo que no estuviese muy ocupado, bajó al Metro y cogió el primero que pasó. En la primera parada se dirigió al encargado del vagón y le preguntó:

—¿Final de Broadway?

—No —replicó el otro fríamente—. Hoboken.

Había cogido el metro del Hudson en lugar del que llevaba a Battery. Desesperado, empezó a preguntarle a todo el mundo por el Final de Broadway, hasta que alguien por fin pareció entenderle. Entonces, le orientaron a los muelles de Hamburgo, en Hoboken. Desde allí le hicieron coger un transbordador hacia Brooklyn. Y al final se encontró de nuevo en la calle Veinticinco.

Una dama muy sonriente le mandó a la estación de Pennsylvania, al interpretar lo de *Buque Cleveland* como un deseo de visitar la ciudad de Cleveland, Ohio. El joven empezó a viajar de un lado a otro, desde Hoboken a Nueva York, hasta el punto de atravesar el río Hudson cinco veces el primer día de su estancia en Nueva York.

Al fin halló un individuo que sabía italiano, el cual le indicó el oportuno tranvía, y Rodolfo llegó al barco a las ocho de la noche. Una vez abonada la cuenta y habiendo dispuesto el traslado de su equipaje a la pensión, decidió regresar por medio del tren elevado con el fin de poder ver al menos parte de la ciudad. Llegó a su habitación mojado, resfriado y completamente desolado. Se quitó las mojadas ropas, colocó los zapatos delante de la chimenea, se tumbó en la cama y se echó a llorar.

De pronto, Rodolfo sintióse sobrecogido por un terror sin nombre y un enorme remordimiento por sus pasadas acciones. Se acordaba de su severo hermano, tan semejante a su padre; de su hermana, quieta y reservada, que había intentado amarle y comprenderle; y se acordaba, más que nada, de su madre, a la que había desilusionado toda su vida. Tomando una resolución, sentóse a la mesa en camiseta y empezó a escribir una carta a su progenitora. En la misma le juraba que llegaría a ser alguien, que rectificaría sus pasados yerros y honraría el apellido familiar. Cuando terminó la carta y se tendió otra vez en la cama, escuchando la lluvia decembrina que repiqueteaba en las ventanas, volvió a sollozar. Nueva York no era una ciudad apropiada para conseguir con facilidad sus objetivos.

Más adelante, Valentino escribió:

El día antes de Navidad... fue para mí de una terrible soledad. Comí solo en un restaurante casi desierto. Deambulé todo el día por las calles, solo. La víspera de Año Nuevo fue diferente. Las calles estaban atestadas de gente. Siguiendo a la multitud enardecida, tuve la sensación de hundirme como si me hallara en medio del océano... con oleadas y oleadas de gente y rostros extraños que proferían sonidos inarticulados.

Rodolfo comprendió que era inútil buscar empleo hasta que dominase mejor el idioma. Además, razonaba, todavía le quedaba una cantidad que le permitiría resistir todo el año. Para aliviar sus sensaciones de soledad y depresión, el joven italiano empezó a frecuentar el café de Bustanoby, donde podía conversar en francés con los camareros.

Un día, estando Rodolfo solo a una mesa, tres jóvenes que se estaban divirtiendo en la mesa contigua le pidieron que se uniera a ellos. Rodolfo vaciló, contemplando al hombre que acababa de invitarle en nombre de todos. De repente, se acordó de Claude y el *bistro* de París, y de los sonrientes «jugadores» que rodeaban al elegante homosexual. A primera vista, aquellos jóvenes se parecían bastante a los *nances* dandyficados de París. Si aceptaba su invitación, ¿volvería a verse envuelto en unas relaciones que consideraba indignas y nauseabundas? Pero en aquel momento, la soledad de Rodolfo era tan aguda que su alivio al recibir la invitación para unirse al grupo (¡invitación formulada en francés!), apartó de su mente todo escrúpulo.

Con una sonrisa cálida, estrechó las manos de George Ragni, del conde Alex Salm y de su hermano, el conde Otto, de Austria.

Rodolfo estaba decidido a aceptar lo que le reservase el destino. El padre de Ragni era el agente de la Compañía de Seguros de Vida Metropolitana en Francia, y los condes Salm eran miembros ultragregarios del conjunto intercontinental. Los tres eran unos alegres *bon vivants,* dedicados tan sólo a la búsqueda del placer.

De haber sido Rodolfo prudente, habría conversado cortesmente con los tres, gozando de su hospitalidad, y se habría despedido de ellos para siempre. Pero tenía dieciocho años, no era prudente, y aquellas personas eran de su clase. Ellos fueron los responsables de que el joven italiano se adaptase a su patria adoptiva y también los responsables de que en el transcurso de unos meses se evaporase el dinero de Rodolfo.

A partir de aquel momento, Rodolfo acompañó a sus tres acaudalados amigos a los cafés y los teatros, donde le presentaron a muchas chicas. Era la época de las pistas de baile, e Irene y Vernon Castle componían la popular familia real de Norteamérica. Todas las chicas deseaban bailar, pero Rodolfo sentíase inadecuado. Poseía suficiente sentido común para darse cuenta de que cualquier joven americana le abofetearía si él se atreviera a vapulearla en un baile apache. Estaban en voga el tango y el *one-step,* si bien Rodolfo sólo conocía el vals, la mazurca y los lanceros.

«Debí destrozar zapatillas de satén por valor de un

millón de dólares», escribió una vez Valentino. «Cuando se supo que yo estaba especializado en bailar sobre los pies ajenos, me convertí en el principal solitario de los mejores salones.»

Un domingo por la mañana, Rodolfo y Alex Salm paseaban por el Zoo del Bronx, y el determinado italiano se plantó delante de la jaula de un mono.

—Alex —le confesó a su amigo—, estoy desesperado. ¡Insisto en que aquí mismo me enseñes a bailar el tango!

—¿Delante de esos monos? —rió Alex—. Vaya, te meterían con ellos en una jaula.

Los amigos de Valentino comentaban a menudo que el Gran Amador poseía muy poco sentido del humor. El conde Alex comprendió, al observar la decisión en la barbilla de Rodolfo, que éste hablaba en serio. Y así, mientras los monos saltaban y chillaban en sus jaulas, como aplaudiendo, el conde austríaco le enseñó pacientemente el tango a Rodolfo, subrayando de modo especial los *cortes,* que es el paso básico de aquel baile.

—A partir de entonces —contó después Valentino—, practiqué hasta que pude bailar el tango con alguna distinción, y hasta inventé pasos nuevos.

Fue, claro está, el baile que Rodolfo convirtió en el suyo personal. Cuando bailó el tango argentino en el papel de Julio, de *Los cuatro jinetes del Apocalipsis,* el tango se convirtió en sinónimo de Valentino.

Bien, había llegado el momento de sacar del cajón la carta de presentación para el Comisionado de Inmigración. Había intentado tontamente igualar a sus amigos en las salas de fiesta y otros lugares nocturnos. Temporalmente, les confió, se veía obligado a buscar un empleo de jardinero. Practicaría el tango entre arbustos y cuadros de flores.

Aunque no estaba seguro de conseguir tal empleo hasta la primavera, Rodolfo comprendió que al menos debía intentarlo. En tres meses, casi había gastado los cuatro mil dólares. Con un poco de templanza por su parte, habría podido salvar la mala situación y estar en buena posición hasta recuperarse financieramente. Cornelius Bliss, Jr., acababa de construir una casa campestre en Jericho, Long Island, cerca de Nueva York, y decidió que lo mejor sería plantar un parque italiano para su propia satisfacción.

Bliss, después de examinar el diploma de la Real Academia de Agricultura que le presentó Rodolfo, creyóse extraordinariamente dichoso al poder contar con un joven que de manera tan auténtica daría a su parque el ambiente del Viejo Continente. Le ofreció a Rodolfo el cargo de superintendente de la hacienda, le proporcionó todo el equipo necesario y le instaló un apartamento atractivo encima del garaje. Rodolfo tendría que haber sabido apreciar su posición, pues en realidad se trataba de una labor que podía ejecutar con un esfuerzo mínimo. Mas no fue así.

Como no podía trabajar hasta que se fundiese la nieve, Rodolfo pasaba el tiempo en los establos, ayudando a entrenar los caballos, en vez de estudiar el terreno y esbozar el paisaje del parque. Aunque poseía un aspecto grave y una expresión de madurez, seguía siendo el chico travieso que jugaba en las cuevas de Castellaneta. Y no pasó mucho tiempo antes de que su irresponsabilidad llamara la atención de su amo.

Un día, estando Rodolfo por los establos, observó una motocicleta que un carpintero había dejado por allí. Al mismo tiempo, su atención sintióse atraída hacia un grupo de jóvenes que parecían fijarse mucho en él. Tras un breve saludo, Rodolfo saltó a la moto y trepó a lo alto de una colina. Allí se detuvo a encender un cigarrillo. Las muchachas agitaron la mano con alborozo. Rodolfo oía sus excitadas voces. Contaban con que él las divirtiese y asombrase con alguna proeza. Entonces, llenó sus pulmones con el aire fresco de finales de marzo. Era otra vez el intrépido Rodolfo que solía andar por encima de la baranda de su balcón, sobre la calle de Castellaneta. Se arrojó sobre la moto, con el estómago sobre el asiento y los brazos extendidos horizontalmente al manillar. En tal ingrata posición, aceleró la moto y descendió de la colina... hasta chocar con un poste telegráfico.

El choque sólo le dejó atontado, pero dobló el guardabarros de la moto. Peor aún, las iracundas maldiciones del robusto y enfadado carpintero, dueño de la moto, ahuyentó a las admiradoras de Rodolfo. El clásico perfil del Gran Amador nunca habría excitado a sus admiradoras cinematográficas de no haber tenido Rodolfo la presencia de ánimo en aquel instante de ponerse rápidamente en pie, limpiarse el polvo, inclinarse ante el carpintero y pronunciar estas tres palabras mágicas:

—Envíeme la factura.

Unos días más tarde, llamaron a Rodolfo al despacho del señor Bliss y éste le manifestó que había cambiado de idea respecto al parque italiano.

—He decidido que un campo de golf, a la larga, será mucho más divertido.

Rodolfo salió de la estancia dándose cuenta de que la verdadera causa de su despido era su actitud irresponsable.

El Comisionado de Inmigración le buscó otro empleo en la finca de un millonario, en Nueva Jersey. A pesar de haberse jurado a sí mismo que cambiaría de actitud y trabajaría con ahinco, el nuevo empleo todavía le duró menos que el primero. Habiendo sido anteriormente contratado como superintendente, Rodolfo sintióse ofendido cuando un jardinero le entregó un mono de trabajo, le condujo a un invernadero y le ordenó limpiar todas las hojas de pulgones.

Inmediatamente, Rodolfo pidió ver a su amo.

—No me someteré a la indignidad de limpiar hojas —le manifestó coléricamente al millonario—. Soy graduado de la Real Academia Italiana de Agricultura.

Sin dejarse impresionar, su nuevo amo le informó que pensaba pagarle quince dólares mensuales, aparte de cama y comida. Rodolfo soportó dos semanas aquel trabajo manual, cobró los 7,50 dólares y se despidió.

Unas semanas más tarde, el altivo italiano habría estado muy contento pudiendo limpiar hojas sólo por cama y comida. Porque ahora se veía obligado a barrer salas, lavar platos y dormir en los bancos del parque.

—Aquéllos fueron los malos tiempos —les dijo a los amigos mucho más tarde—. Con toda seguridad, me habría muerto de hambre si no hubiese vuelto a Giolitto. Esta vez como criado, no como huésped de pago.

5

Maureen Englin conoció a Rodolfo cuando éste servía en el restaurante italiano de Giolitto. Natural de Illinois, Maureen procuraba hablar con acento francés y emocionaba a los corazones norteamericanos con canciones de la primera guerra mundial como «Madrecita francesa», «Recemos por los chicos de allá» y «Adiós Broadway, hola, Francia».

Maureen Englin debía estrenar más adelante las canciones más conocidas como «Dulce y Parda Georgia» y «Bajando hacia Nueva Orleáns».

El joven italiano, por aquel entonces, se había decidido por el nombre de Rodolfo Guglielmi, abandonando los demás.

«Rudy era tímido y reservado», recuerda Maureen Englin. «Meditaba cuidadosamente cada frase antes de pronunciarla. Sentíase cohibido a causa de su acento. Yo le reñí por ello. Solía decirle que Norteamérica no es más que un gran montón de inmigrantes. Mi padre había nacido en Suecia, y allí estaba yo fingiendo un acento francés. ¿Qué importa, añadía, qué tengas acento italiano? ¡Es bonito y me gusta!».

Al año siguiente de morir Valentino, nacieron las «películas habladas». Y se efectuaron muchas especulaciones sobre si el Gran Amador habría conquistado el micrófono. Los detractores afirmaban que la voz de Rudy era demasiado estridente y desagradable, pero quienes conocieron bien al galán recuerdan que el tono de su voz era suave y melifluo.

Ciertamente, no es posible juzgar su forma de hablar por medio del disco que grabó en privado, cantando. Es improbable que Valentino hubiese sufrido el dolor de verse postergado por su voz como le ocurrió a John Gilbert, otro gran galán de la pantalla muda. Aunque un actor con un acento muy pronunciado quedaba en muy mala posición ante el advenimiento del sonido, es probable que Valentino hubiese estudiado dicción, esperando incluso llegar a una perfecta emisión de su voz.

Rodolfo se situó en una posición única para observar a las diversas luminarias del espectáculo de aquella época. La amistad con estrellas ascendentes como Maureen Englin le alentó mucho, mas al estallar la guerra en Europa Rodolfo vio cómo quedaban drásticamente reducidos sus parcos ingresos. No podía pedir más dinero a Taranto, ya que incluso su madre le había escrito, pidiéndole que ahorrase algo para enviárselo. En París había aprendido que un joven guapo y con buen tipo jamás se muere de hambre, pero Rodolfo no quería convertirse en el maniquí de un homosexual. En cambio, se fue a Maxim's y pidió trabajo como camarero. El encargado recordó a Rodolfo de los días en que vivía como un marqués a cuenta de su herencia. Recordó, sobre todo, las proezas de Rodolfo como bailarín y le ofreció una habitación encima del restaurante, la comida gratis y todas las propinas que ganase sirviendo como compañero de baile de las mujeres adineradas que regularmente acudían a los *thés dansants* del Maxim's.

Esto fue lo que a Valentino le dio fama de *gigolo* en años posteriores. Poco popular entre los hombres que le llamaban «lagartija de salón», «guapetón» y otros epítetos mucho más vulgares, ciertos elementos de la prensa se apresuraron a escribir sobre aquellos tiempos de Valentino como «escolta profesional», para convertirlos en algo sucio y repelente. Se dijo que algunas damas de la alta sociedad le pagaban para que fuese su amante por una tarde.

En su biografía de Rudy, S. George Ullman, su agente cinematográfico, no menciona aquellos días de Valentino como *partenaire* de baile, y esta omisión parece indicar a los que sólo buscan el sensacionalismo que nunca debió ser conocido semejante capítulo de la vida de Valentino. La evidencia aportada por los que afirman que Valentino pasó de una cama a otra, en brazos de damas de la alta sociedad neoyorquina, contiene muy poca substancia.

Una vez más hay que destacar que para cierto tipo de hombre, es muy posible flirtear, cortejar a una mujer y amarla por su «espíritu», sin llegar a conocerla como un ser de sangre caliente y deseos terrenales. Para esta clase de caballero, el sexo puede ser tan sólo una repugnante concesión al Viejo Adán, que puede destruir el «auténtico amor». En el peculiar credo de la caballerosidad europea de Valentino es posible hallar elementos de tal cortesana tradición amorosa. El amor es como la adoración a una Madonna terrenal, un armonía espiritual que trasciende a la indulgencia física.

«Me gusta la parte de Madonna que tienen las mujeres —le escribió Rodolfo a Chaw Mank—. En Italia, las mujeres más bellas son como las Madonnas: cara serena, tranquilas, ojos suaves, con algo profundo y muy poderoso en su interior.»

Las primeras experiencias del amor físico trastornaron a Rodolfo y le indujeron a ser amante poco satisfactorio para los dos sexos. Su confusión le impulsaba más cada vez al amor espiritual, a la búsqueda de un objeto de «adoración pura».

Por lo mismo, es fácil comprender que el papel de «bailarín profesional» debió atraer decididamente al joven. De este modo, podía bailar con mujeres, algunas seductoras, y mostrarse veleidoso, coqueteando de manera imparcial con todas ellas, sin demostrar más atenciones a unas que a otras, pues, al fin y a la postre, si Don Juan se enamora deja de ser Don Juan. Era guapo, y lo sabía. Sus compañeros de trabajo le sorprendían a menudo admirándose en los espejos de tamaño natural de los vestuarios.

—Fijáos cómo se ufana —se burló de él uno de ellos un

día—. Parece un pavo real.

—¡Rudy, el pavo real! —voceó otro bailarín—. ¡Un apodo perfecto para nuestro hermoso Rudy!

Rodolfo escuchó este diálogo sin inmutarse.

—Es mejor ser un bello pavo real —replicó— que un mísero gorrión.

A Valentino le encantaba vestir buenas prendas y verse adulado por las mujeres. Además, su trabajo le permitía disfrutar de lo que amaba por encima de todo: el baile.

Aquí hay que explicar lo que se entendía en aquellos tiempos por «bailarín profesional».

En los días anteriores a la Prohibición (Ley Seca), los restaurantes famoso como el Maxim's, el Moulin Rouge, el Churchill, el Stanley y el Rector, celebraban los *thés dansants* a última hora de la tarde (hacia las 5). Dichos tés danzantes llegaron a ser tan populares en aquellos restaurantes como los espectáculos de la pista que ofrecían por la noche. Celebrándose a la hora del té, los *dansants* ofrecían la oportunidad de charlar, bailar y preparar las citas nocturnas. Para atraer a las mujeres solas, sin acompañante, los restaurantes tenían contratados a una docena o más de jóvenes para que bailasen con ellas y les sirvieran de *caballero andante* durante toda la sesión. Para identificarse, llevaban unos botoncitos blancos en el ojal de la solapa.

Valentino ofrecía una bella estampa en la pista de baile. Lucía una chaqueta larga, muy ajustada por las caderas, y llevaba una cadena que se balanceaba contra una de sus piernas.

Se peinaba al estilo de la época, siendo el único defecto de su rostro una cicatriz blanca y delgada en la mejilla derecha, recuerdo de su traviesa niñez. Se le describía en aquellos días como «un animal sensual acechando en la jungla del jazz».

—Yo sólo podía bailar el tango con Rudy —recordó Maureen Englin—. Con todos los demás, yo tenía dos pies izquierdos. Todas las mujeres querían bailar con él. Y cuando Valentino bailaba con una, jamás se propasaba.

Maureen era ya popular en el Moulin Rouge (ahora el Latin Quarter) cuando Rudy actuaba como bailarín profesional en el Rector, directamente enfrente del primer local. Las cantantes del mismo solían entrar en el restaurante a comer, y algunas daban unas vueltas por la pista antes de volver al trabajo.

—Rudy conservaba la costumbre continental de besar la mano de su pareja, y yo le rogué que no la perdiera —contó Maureen—. Resultaba muy eficaz. Eso complacía mucho a las mujeres que bailaban con él. Por entonces, había ya adaptado dos de sus muchos nombres al inglés, y se hacía llamar Rudolph Valentino.

A Valentino no le gustaba que le llamaran *gigolo,* ni siquiera en aquella época.

—En cierta ocasión le dije que cualquier día le atraparía una vieja rica que lo quitaría de la circulación —recordó Maureen Englin—. «No, *frenchy,* me contestó. No deseo triunfar siendo el *gigolo* de una mujer.»

Mae Murray, la bailarina del Ziegfeld Follies, que llegó

a ser una de las estrellas más rutilantes del firmamento cinematográfico de Hollywood, fue otra de las cantantes y bailarinas que frecuentemente entraban en los restaurantes donde trabajaba Rudolph, para dar unas vueltas con él por la pista antes de que volviera a levantarse el telón. Mae, aunque nunca dejó de tener galanteadores acaudalados, a menudo rechazaba citas con el fin de poder «dar un paseo platónico con Rudy».

Su amistad se extendía a citas para nadar en Long Beach, y así fue como Mae se convirtió en una de las confidentes más íntimas de Rudolph. Los individuos celosos empezaron a mofarse de Mae y su *gigolo* cuando empezó a salir con más frecuencia con Valentino. Mae le contestó a uno de sus cortejadores que Valentino no era en absoluto un *gigolo*.

—Con Rudy jamás pasa nada —añadió—. Igual podría ser un sacerdote.

Rudolph empezó a obtener cierta reputación como un joven sensible que no quería, o no podía, amar. Era tan abierto como un niño. Amante de las nimiedades (nadar en un día caluroso, un buen atardecer, unos perros juguetones, una agachadiza en la playa), Valentino estaba como envuelto en un aura mística. Y cada vez parecía alejarse más y más de los temas carnales.

—Todas las chicas se volvían locas por acostarse con Valentino —recordaba una cantante que todas las tardes entraba en Maxim's para tener el placer de bailar con el joven italiano—. Pero nunca oí decir que tal cosa hubiese ocurrido. ¡De haberlo conseguido yo, todas me habrían envidiado!

Sin embargo, por mucho que se murmurara de él, era imposible negarle su gran habilidad para el baile. Cuando bailaba el tango, que se había convertido en su especialidad, lo hacía al estilo porteño, con las rodillas casi tocando el suelo. Y en tales momentos, no hablaba. Se entregaba a la danza como si fuese su único placer.

Una noche, trabajando en el Rector, Valentino le confió a Maureen Englin que tenía aspiraciones teatrales.

—Mi mayor deseo es formar una pareja de baile —le dijo a la popular *frenchy* del Moulin Rouge—. Sería maravilloso saltar a los titulares como Irene y Vernon Castle o los Walton.

No es posible minimizar el papel que el baile tuvo en la elevación de Valentino hacia la fama. Sin sus proezas en las pistas de baile y su habilidad para interpretar el tango como nadie, el guapo Rudy habría continuado probablemente siendo un joven con un botón blanco en la solapa hasta que hubiera hallado un empleo más conveniente como jardinero. Fue el tango lo que sacó a Valentino de la oscuridad, aunque es interesante observar la transformación sufrida por el tango en su emigración desde la América Latina a la cultura norteamericana. En el traslado, el tango perdió muchas de sus esencias. En la alegre sociedad neoyorquina, el tango se convirtió en un aparejamiento ritual muy ritmado, una danza de pasión y romance. El verdadero tango había nacido en un ambiente de pobreza, de miseria; el tango era el baile de los desheredados de la fortuna, de los habitantes de los barrios bajos de Buenos Aires.

—El tango es un pensamiento triste que se baila —observó una vez Valentino.

El tango, el auténtico, es una música que no ejerce ningún efecto magnético en la muchedumbre, y sí en el individuo. Es la melodía del introvertido. En cierta ocasión, alguien observó que Valentino parecía introducir la melodía del tango en lo más mínimo de su ser, para gozar de un diálogo a solas con el más profundo sentimentalismo.

El tango, una danza de afirmación individual de la fuerza masculina, era el baile de Valentino. Su imagen de un hombre en una postura defensiva respecto a la vida era la esencia de Rodolfo Valentino.

Fue mientras trabajaba como bailarín profesional cuando Valentino encontró a su «Madonna». Se llamaba Blanca deSaulles, y era la esposa del millonario Jack deSaulles. Inadvertidamente, Mae Murray los unió cuando sugirió que Blanca acudiera a los *thés dansants* a fin de levantar su ánimo.

Blanca solía vestir de negro, lo que ofrecía un gran contraste con su tez marfileña. Sus ojos eran grandes y tristes, y llevaba la negra cabellera partida por la mitad, formando un moño en la nuca. Su marido era cazador. Conoció a Blanca cuando ésta tenía dieciséis años, con ocasión de estar por primera vez en Nueva York con su padre, diplomático chileno. El antiguo zaguero del equipo Yale la persiguió de Nueva

York a París, de allí a Madrid, y finalmente hasta su hogar de La Serena Coquimbo. Al fin, Blanca se dejó conquistar y se casó con él. Éste fue su gran error. Jack deSaulles no era un caballero, sino un sátiro. Tan pronto Blanca fue suya, no tardó en marchitarse el júbilo de la persecución, y Jack volvió a los brazos de las coristas del Follies.

Blanca se quedó sola con un hijo, una mansión llena de criados y un corazón repleto de tristeza y pesadumbre.

Naturalmente, era la joven ideal para el sentido romántico de Valentino. Pronto se convirtió en su Beatriz, un símbolo de la luz celestial que siempre mantuvo ante él, en su sinuoso camino hacia las profundidades del infierno del mundo del espectáculo, el éxito y la adulación pública. El hecho de ser casada y, por tanto, inalcanzable, sólo servía para intensificar la belleza del asunto. Un amor imposible era para Valentino mucho más delicioso que el manchado por la tiranía carnal.

Sin embargo, pese a sí mismo, Rodolfo empezó a mostrarse posesivo hacia la delicada figurita de marfil que tenía en sus brazos durante los tés danzantes de las tardes.

—Quiero casarme con ella —le confió a Mae Murray—. La adoro.

Valentino estaba seguro de que el acaudalado marido, figura conocida en la Bolsa de Wall Street, ignoraba incluso su existencia. Y se le ocurrió que podría ayudar a Blanca a reunir las pruebas para que se le concediera el divorcio contra deSaulles. Las andanzas nocturnas de aquel león por las junglas de Broadway hacía tiempo que eran la comidilla de toda la sociedad. No habría mucha dificultad en sorprender a deSaulles en el cubil de otra leona.

Valentino conocía a la corista que solía salir con deSaulles. Y le dijo a Mae Murray que había resuelto seguir a los dos, convencido de que no tardaría en obtener la evidencia necesaria para el tribunal si les sorprendía, en el abrazo amoroso, junto con un fotógrafo y un detective.

Valentino permaneció en la sombra, viendo cómo Jack deSaulles bromeaba con los demás individuos que aguardaban ante la puerta del escenario. El millonario no hacía esfuerzo alguno para ocultar sus actividades extraconyugales. Todos aquellos tipos sabían que tenía una esposa en casa, pero esto era casi común a todos ellos. Rodolfo esperaba que deSaulles no llevase a la corista a recorrer locales nocturnos, sino que decidiese hacerle el amor inmediatamente. Según los rumores, deSaulles catalogaba a sus chicas en dos categorías: las que invitaba a cenar y beber, y las que se llevaba rápidamente a la cama. Si sus informantes estaban en lo cierto, la corista actual podía clasificarse dentro de la segunda categoría. También le habían contado a Valentino que la joven poseía un apartamento a corta distancia del teatro donde trabajaba.

Al fin se abrió la puerta del escenario y empezaron a salir las coristas.

—¡Ya se han abierto las puertas del paraíso! —exclamó un individuo con sombrero de copa.

Los demás dieron su beneplácito a esta exclamación y

cada uno empezó a alejarse con la chica escogida de antemano. Valentino se alegró al ver que deSaulles cogía del brazo a la suya, para caminar bajo el encanto de la noche primaveral. Los siguió discretamente, a distancia.

Llevaba muy poco rato escuchando a la puerta del apartamento de la joven cuando oyó un crujido, como el de un vestido que se rasga. Hubo un gemido de protesta y la voz de deSaulles que musitaba coléricamente que compraría uno nuevo. Valentino apretó más el oído, victorioso. Había llegado el momento de avisar al fotógrafo y al detective privado, pero se detuvo un poco más para saborear su triunfo. Como un *voyeur* vulgar, estuvo escuchando las maldiciones roncas y groseras del millonario, en tanto forzaba a la joven. El sudor empezó a bañar la frente y el labio superior de Valentino. Su triunfo se convirtió en una tortura al comprender con renovado impacto con qué clase de bruto estaba Blanca obligada a vivir. En una angustiosa imagen mental, veía a la delicada Blanca atormentada por su esposo, el disponerse a apagar en ella su obscena lascivia. Y entonces, dentro del apartamento, resonaron las rítmicas protestas de una cama.

La náusea empezó a desbordarse del estómago de Valentino. Sentía un fuerte nudo en la garganta. La sangre refluyó de su rostro y todo su cuerpo quedó bañado en un sudor frío. Comprendió que iba a desmayarse, que necesitaba aire fresco. Sus piernas eran de goma y no podrían hacerle bajar los tres tramos de escalera. Su vista se tornó borrosa. De pronto, divisó la palabra «portero» en una puerta. Desesperado, la empujó y hallóse en un cuartito lleno de trapos, cubos y, por suerte, un fregadero. Asido al borde de aquél, se inclinó y vomitó todo lo que tenía dentro.

Después, al apoyarse en la pared para enjugarse la cara con un pañuelo, comprendió de malhumor que no tenía «estómago» para enfrentarse con un caso de divorcio. Además, pensó razonando su cobardía, el proceso podía ser muy embrollado y la prensa, seguramente, destacaría los detalles más groseros. Con el carácter de deSaulles, era posible que se mostrase violento y no le facilitase las cosas a Blanca. Por el momento era mejor dejar que todo siguiese igual. Sin embargo, decidió que continuaría discutiendo con Blanca la posibilidad del divorcio.

Valentino se daba cuenta de que era un don nadie. ¿Cómo podía pedirle a Blanca que se casase con él, un pobre bailarín profesional? Cuando uno encuentra a su Madonna, ha de demostrar que es digno de su amor. Valentino, en consecuencia, empezó a pensar seriamente en conseguir un nombre en el mundo del espectáculo. Era un buen bailarín de pista y si encontraba una buena pareja, lograría el éxito. También empezó a pensar en el cine. Ciertamente, la industria cinematográfica recibiría con los brazos abiertos a un joven tan guapo y apuesto como él.

Un día, mientras cenaba en Maxim's, Valentino vio que Mary Pickford y su madre se hallaban en una mesa contigua a la suya. Sin vacilar, se levantó, fue hacia ella, e ignorando a la «Novia del Mundo», se dirigió exclusivamente a la señora Pickford.

—Me llamo Rudolph Valentino, señora Pickford —se presentó—. Por favor, perdone que me tome la libertad de hablarle sin una presentación más formal, pero me gustaría mucho que me aconsejara acerca de la mejor forma para introducirme en el mundo del cine.

La señora Pickford estudió al guapo joven fríamente, y le dio el consejo, que pronto fue como una fórmula legal:

—Obtenga gran cantidad de retratos suyos: de perfil, de frente, de cuerpo entero, de medio cuerpo. No repare en el coste. Y asegúrese de que los retratos sean perfectos. Al dorso de cada uno ponga su edad, su estatura, su constitución y su experiencia. Envíe copias de todos ellos a cada estudio, y tenga paciencia.

Valentino siguió el consejo de la señora Pickford... respecto a los retrasos. Pero la paciencia era una virtud que nunca había poseído.

6

Empezaba a ser muy claro para Valentino que Hollywood no tardaría en ser proclamado como la nueva Meca, el propagandista de la Nueva Sofisticación que envolvería a toda la nación en un futuro muy próximo. En los años que siguieron inmediatamente a la primer guerra mundial, Hollywood se convirtió velozmente en el gran dictador de Norteamérica, y sus estrellas empezaron a decretar irremisiblemente las modas del peinado, la longitud de la falda y las técnicas del amor heterosexual.

Antes de la primera guerra mundial, según sabía Valentino, la iglesia y no el cine era el centro de la vida social de Norteamérica. Dios estaba en su cielo; el fuego estaba en el hogar; el hombre estaba en su campo y en su tienda; la mujer, en su casa. La época no estaba madura para el culto a Eros con todas las deidades menores de la misma condición.

Fue la época en que la decana de una pequeña Universidad femenina del Este promovió un alboroto cuando se atrevió a efectuar una encuesta sobre los conocimientos sexuales de treinta y cuatro alumnas, entre los 16 y los 19 años de edad. Veinte aseguraron que no sabían nada en absoluto sobre el proceso físico de la procreación. Una aventuró que su marido «pondría una semilla en un vaso de agua, que ella se bebería cuando quisieran tener un hijo». Algunas «sabían» que besar era la causa del embarazo. Ocho jóvenes se negaron a responder a tan «horribles preguntas», y un par de ellas se desmayaron.

Aquella fue la época en que la publicación de Margaret Sanger, *La mujer rebelde,* se consideró como una verdadera cruzada del control de natalidad y la higiene femenina. A la Sanger la encarcelaron en medio de la rechifla de las mujeres americanas.

Aquélla fue la terrible época en que la masturbación provocaba la locura, el desgaste del órgano sexual, el reblandecimiento cerebral, la calvicie y una serie espantosa de enfermedades a cual peor.

Havelock Ellis estaba a la sazón compilando diversos casos de estudio en Inglaterra, con la esperanza de arrojar un poco de luz a los rincones más oscuros, y Sigmund Freud daba conferencias en Austria sobre una nueva filosofía de la función sexual.

Esos dos maestros de la Nueva Iluminación pronto contarían con ejércitos enteros de portadores de antorchas que iluminarían un mundo que andaba a tientas por las tinieblas sexuales, si bien ninguno de los dos conseguiría otra cosa, en el concepto iluminador, que proyectar la figura esbelta, atrevida y grácil de la bailarina Irene Castle, la cual hizo más por la emancipación femenina que todo un escuadrón de sufragistas. Junto con su esposo, Vernon, introdujo en la cultura americana la era de la pista de baile. Aprovechándose de la reacción que la vista del tobillo de Irene Castle provocaba en los varones, Mack Sennett introdujo el desnudismo en la comedia, produciendo películas de dos rollos en las que se veían chicas bañándose, lo cual sirvió para mostrarle a la nación la buena apariencia de las formas femeninas, con los brazos y las piernas al aire y sus curvas debidamente acentuadas.

En 1915, la industria del automóvil alcanzó la cifra de 900.000 automóviles manufacturados; y pronto se supo que «Henry Ford era responsable del desnudo y la seducción de más mujeres que ningún otro hombre de la historia».

El cine iba camino de convertirse en el templo popular de la gente, con su nuevo Olimpo de atractivas deidades, con las piernas torneadas y los bustos generosos de sus vestales, y su promesa de escape momentáneo.

Durante la breve intervención norteamericana en la primera guerra mundial, se diseminaron por diversas zonas del globo dos millones de jóvenes americanos. Y éstos ya no regresaron a la granja después de haber visto «Peri». Los soldados sabían que existían preservativos, coñac y señoritas aquiescentes, y volvieron a Estados Unidos desbordantes de rebeldía contra la mojigatería nacional y las restricciones estériles de sus mayores. En su ausencia, las mujeres empezaron a trabajar en las fábricas y oficinas, mordisqueando sus primeros *hors d'oeuvre* de la libertad social. Escucharon las narraciones de las escapadas de los varones en Europa con cierta animación. Tal vez el varón americano hubiese tenido un pequeño romance en su poco imaginativo cerebro, mas todavía le faltaba la delicadeza en el arte de amar, y seguía creyendo en la antigua moralidad.

Al comienzo de los años veinte, empezó a presentar interés la sofisticación sexual. Había ya desaparecido la época en que el hombre y la mujer se juntaban apresuradamente para cumplir con la obligación biológica. Las películas enseñaban a las mujeres cómo debía realizarse el amor. Las revistas confesionales de Bernarr Macfadden también les enseñaban que podían pecar, acostarse con un hombre, hacer el amor, y vivir después con toda felicidad. El Gobierno de Estados Unidos ayudó asimismo a aumentar el clima sexual dictando la Prohibición, a fin de crear las salas de fiesta, permitiendo con ello que las mujeres bebiesen, que los estudiantes llevaran consigo frascos de whisky, y que se iniciase la tradición de la orgía alcohólica en la cultura americana.

La juventud pareció presa del frenesí salvaje de un rito nacional en la pubertad. Las jovencitas se «alisaron el pecho» en busca de una figura «muchachil», acortaron las faldas para demostrar, por otro lado, que eran chicas... Descubrieron la ducha y la utilizaron, y también insistieron en que los hombres a los que se sometían «atendieran a sus intereses» usando un condón. Esas jóvenes libres empezaron a jurar, a contar chistes verdes, a hablar de Freud, y acudían al cine como si se tratara de un curso universitario sobre el Arte del Amor. Sólo había que contemplar a los sabios instructores de la pantalla, que demostraban las nuevas técnicas, y aplicarlas después cuidadosamente, aparte de improvisar variaciones de tono menor con un compañero en la última fila de un cine a oscuras.

Era, por tanto, natural que el joven romántico pensara en Hollywood.

Ocasionalmente, Rodolfo aprovechaba algunos momentos libres de su trabajo como bailarín profesional, y daba exhibiciones de tango con una corista que conocía, Bess Dudley. Como siempre, no guardaba en secreto el hecho de que deseaba realizar progresos, que le gustaría formar pareja con alguna chica y presentar su número de baile. Para Rodolfo, era la forma más fácil y sencilla de dar a conocer su talento y llamar la atención de un director o un productor. Bess le presentó a Bonnie Glass, una bailarina de pista profesional. Bonnie buscaba un nuevo compañero para sustituir a Clifton Webb, que ya se hallaba camino del estrellato.

Bonnie quedóse muy impresionada ante el joven italiano y le invitó a su hotel para un ensayo. Cuando llegó Rodolfo, parapadeó maravillado. A primera vista, parecía como si la sesión no debiera ser un ensayo de baile sino un acto de seducción. Luces amortiguadas, música suave y Bonnie comportándose como si el baile fuese lo único en que no pensaba. Pero Valentino, con sus maneras corteses y tímidas, se inclinó, alargó los brazos y condujo a la joven hasta el centro de la estancia.

—Bonnie había tramado una verdadera prueba para Rudy —afirmó un amigo de Valentino—, Bonnie jamás solía mantener relaciones amorosas con sus compañeros de baile, por lo que procuraba elegir a jóvenes «seguros». Si él hubiera empezado a flirtear con ella en lugar de bailar, Bonnie lo habría despedido en el acto. Pero Rudy no era de esa clase. Nunca se propasaba ni se imponía a una mujer. Parecía estar por encima de esas banalidades.

Valentino aceptó la oferta de Bonnie Glass consistente en cincuenta dólares semanales, y rápidamente iniciaron los ensayos. La pareja formada por Glass y Valentino trabajó en el *Jardín de Invierno,* en el Colonial y el Orfeum de Brooklyn. Bailaron también en diversos locales de Keith, y salieron de gira con su repertorio de valses, *cakewalks* y foxtrots.

Las veladas siempre terminaban con el tango. En Washington, bailaron en una fiesta de beneficiencia y el telón se levantó dieciseis veces después de un vals de su creación. El presidente Woodrow Wilson asistió al acto y fue quien más aplaudió a los jóvenes danzarines. Valentino estaba contento por el éxito de la gira y por el hecho de que, estando separado de Blanca deSaulles, ello le permitía reflexionar con más objetividad sobre aquellas relaciones.

Ciertamente, el asunto se apoyaba en un plano espiritual,

pero Valentino se había apresurado demasiado al apremiar la campaña para el divorcio de Blanca. Ahora ganaba bastante dinero, con la promesa de un aumento. Con el tiempo, estaría mejor preparado para vestir adecuadamente y liberar a Blanca de las garras de su marido.

Cuando Bonnie Glass inauguró su Montmartre Club en los bajos del antiguo Boulevard Café, Valentino empezó a cobrar cien dólares semanales. Muy poco después, Bonnie inauguró el elegante Chez-Fisher en la calle Cincuenta y Cinco. La pareja trabajó en el Palace, y continuó de gira por el Este.

Valentino continuó siendo la pareja de Bonnie Glass hasta que ella se retiró de los negocios para casarse con Ben Ali Haggin. En aquella época, Valentino formó pareja con Joan Sawyer para una breve gira de *vaudeville* que terminó con un feliz contrato en la Woodmanstern Inn.

Pero a pesar de esta sucesión de éxitos personales en progresión creciente, el Este era ya demasiado pequeño para Valentino. Jack deSaulles se había enterado de sus entrevistas con Blanca. Una noche le sorprendió a Valentino una brusca llamada a la puerta de su apartamento. Se puso su batín y acudió a abrir.

Un individuo de mandíbula prominente se abrió paso hasta el salón y contempló a Valentino por encima de la colilla de un cigarrillo. Sus gruesas mejillas temblaban con el esfuerzo de una sonrisa desdeñosa, y bastante siniestra.

—¿Qué significa esto? —preguntó Rodolfo, estremecido

de ira.

El intruso poseía una constitución muy sólida, recordando vagamente a un camión.

El hombrón se metió una mano en el bolsillo y exhibió una placa de investigador privado.

—El señor deSaulles exige que deje tranquila a su esposa —gruñó el detective—. Al señor deSaulles no le gusta en absoluto que un *gigolo* de tres al cuarto moleste a su esposa.

—¿Cómo se atreve a irrumpir aquí con tales acusaciones? —estalló Valentino, temblándole la voz por la emoción.

El detective puso una mano sobre el pecho de Rodolfo y lo empujó hacia el sofá.

—Escúcheme, guapito; el señor deSaulles le meterá en la cárcel si no deja en paz a su esposa. A las autoridades de este Estado no le gustan las «mariposas» como usted, que chupan el dinero de las mujeres.

—¡Soy bailarín profesional! —proclamó Valentino—. ¿Cómo se atreve a acusarme de parásito, rata estúpida?

El detective retiró la mano como si pretendiese pegar a Valentino. Rodolfo cerró los ojos, pero el golpe no llegó. El detective se limitó a mirar al joven y echarse a reir.

—¿Qué le ocurre, precioso? ¿Teme que le destroce su bella cara?

—¡Fuera de aquí! —gritó Valentino, dando media vuelta para enterrar su rostro en un almohadón.

—Seguro, seguro, bonito. Ya me voy. ¡Pero no olvide lo que le he dicho!

Valentino estaba furioso ante las acusaciones del otro, y se echó a llorar ante la idea de tener que abandonar a su Madonna en manos de un tipo vulgar cono Jack deSaulles, un hombre que le había hecho seguir por un detective privado como si él fuese un criminal. Por otro lado, Rodolfo recordaba aquella noche en que estuvo escuchando a la puerta del apartamento de la corista, mientras ésta era tratada por deSaulles del modo más inimaginable posible.

Comprendía, sin embargo, que no podría ayudar a Blanca si lo enviaban a la cárcel acusado de chulo. Y, asimismo, comprendía que, por el momento, estaba completamente incapacitado para impedir que deSaulles llevara a cabo sus amenazas. Luchar costaba dinero, y él no poseía bastante para enzarzarse en un combate legal. Aprovechando una oportunidad para retirarse, aunque pensando en presentar batalla en otra ocasión, Valentino descendió un peldaño en su carrera de bailarín y aceptó un pequeño papel en la compañía que efectuaba una gira con la revista *El modelo enmascarado.*

Retiró también sus ahorros del Banco y abandonó Nueva York con la seguridad de que aquella compañía le llevaría a Hollywood. Sin embargo, la compañía se disolvió en Ogden, Utah.

7

Valentino tenía dinero para llegar hasta San Francisco. Y allí entró a formar parte como bailarín en un espectáculo de Richard Carl, *Nadie en casa,* que le sustentó durante tres semanas. Cuando concluyeron las representaciones, Rudy trató de vivir vendiendo bonos. Las damas habían encontrado su acento italiano muy encantador en los *thés dansants,* pero cuando aparecía como extranjero no muy bien ataviado llamando a las puertas, inmediatamente se convertía en sospechoso. Tan pronto hubo gastado su último dólar, pretendió ingresar en el Cuerpo de Aviación, pero de nuevo lo rechazaron a causa de un defecto visual en el ojo izquierdo.

Desesperado, se dirigió a la Sociedad Italiana de Agricultura. Por otros inmigrantes italianos, sabía que la Sociedad, financiada por el Banco de Italia, ayudaba a los italianos adquiriendo granjas en California. Allí presentó sus credenciales, añadiendo que le gustaría conseguir un empleo temporal como jardinero botánico. Sus planes, una vez más, quedaron destruidos ante la triste realidad. Le explicaron que no había, por el momento, ningún puesto libre en aquellas condiciones. Los granjeros americanos no necesitaban jardineros botánicos. Además, aquellos granjeros eran pobres y tenían que batallar enconadamente para arrancar algún producto a sus tierras. Casi ninguno podía permitirse el lujo de contratar «ayudantes». Sin embargo, si Valentino conseguía un capital de mil dólares, la Sociedad se sentiría muy feliz ayudándole a obtener una granja de su propiedad.

El mundo parecía formar una vasta conspiración cuyo único objetivo era la completa destrucción de Rodolfo Valentino. Ni siquiera poseía el dinero suficiente para comprar los cigarrillos que había empezado a fumar en cadena.

Fue entonces cuando se enteró de que la compañía de Mary Pickford, *La pequeña americana,* estaba rodando escenas exteriores en San Francisco. Valentino resolvió visitar directamente a Mary Pickford. Con un poco de suerte, ella le recordaría de aquel día en el Maxim's, o tal vez le habría visto bailar con Bonnie Glass o Joan Sawyer. Era imposible hablar con la «Novia del mundo», pero por fin le sonrió la suerte a Valentino cuando se encontró con un viejo amigo, en el lugar del rodaje, llamado Norman Kaiser, que ahora se hacía llamar Norman Kerry. Éste saludó a Valentino con gran entusiasmo. En Nueva York, Rudy le había dicho a Norman que algún día trabajaría en el cine.

—De modo que has decidido probar fortuna, ¿eh? —exclamó Norman—. ¿Piensas colgar las zapatillas de baile y dedicarte a la pantalla blanca?

—De buena gana —sonrió Valentino con tristeza— empeñaría mis zapatillas para poder gozar de una buena comida.

Kerry, emocionado, apremió al joven para que le contara toda la historia de su venida a San Francisco.

—Déjamelo a mí —le espetó Norman después de escuchar las andanzas de Rudy—. Al menos, ganarás cinco pavos diarios como extra, hasta que te consiga un papel. Te presentaré a todo el mundo y te ayudaré a conseguir lo que deseas.

Valentino consideró que aquello era lo más sensato que podía hacer. Mas, ¿cómo podría llegar hasta Los Angeles, para empezar?

Norman Kerry no se amilanó.

—¿Te acuerdas del marido de Marilyn Miller, Frank Carter? Está aquí, en Frisco, disponiendo todo lo necesario para la gira de la compañía de Al Jolson, con la obra musical *The Passing Show.* Dentro de un par de días salen para Los Angeles. Frank es buen chico. Te meterá en el espectáculo, aunque sólo sea por una noche, y te llevará a Los Angeles.

Todo salió como había pronosticado Norman Kerry. Rudy incluso fue presentado a Al Jolson, y quedó muy animado cuando el gran Jolie profetizó que «llegaría a ser alguien en Hollywood».

Kerry fue a esperarle a la estación de ferrocarril, y a pesar de las protestas del bailarín, insistió en que se acomodase con él en el Hotel de Alejandría, hasta que Rudy hallase alojamiento propio.

—No tardarás mucho, Rudy —le prometió Kerry—. Esos

directores son listos. No tardarán en ver que pueden sacar partido de tí.

Valentino iba todos los días a almorzar con Kerry al estudio. Casi nunca aceptaba ir en coche, asegurando que andar le ayudaba a mentenerse «en forma». Todas las noches, en su habitación, Valentino ejecutaba un programa riguroso de gimnasia. A veces, conseguía que Norman tomara parte en sus ejercicios, pero su amigo no tardaba en caer rendido en cama, jadeando y riendo ante las energías de su compañero de habitación.

Norman Kerry hizo honor a su palabra de presentar a Valentino a todo el mundo, mas no logró cumplir su promesa de que los directores no tardarían en fijarse en el joven. Corría el año 1917, el año de Todos los Chicos Americanos, y los ídolos de las *matinées* eran actores como Charles Ray, el hijo de un aldeano que al final del último rollo de la cinta siempre hallaba el amor y la fortuna; o Wallace Reid, el joven recién afeitado y con el pelo corto; o Milton Sills, el caballero opulento. Los directores decidieron unánimemente que Valentino resultaba demasiado moreno en comparación con la tez mucho más clara de «los chicos normales». Los marajás de la industria del cine todavía no concebían el mito del Gran Amador latino, ni soñaban aún con tal mito los autores de guiones.

Emmett Flynn le dio a Valentino su primer papel en una película que dirigía para la First National, titulada *Alimony*, protagonizada por Josephine Whittel, esposa del actor

Robert Warwick. Valentino hizo sólo de extra en su primera aparición en la pantalla, como bailarín. Caritativamente, lo máximo que cabe decir de la película es que Valentino prestaba cierta verosimilitud al ambiente.

Valentino, con 22 años de edad, empezaba a sentirse defraudado ante la lenta aceptación de su talento por parte de Hollywood. Siempre idealista y entusiasta, había soñado con el debut hacia el estrellato. Había imaginado un papel de héroe romántico, en el que podría lucir su físico y su flexibilidad. Bueno, al menos pudo interpretar a un bailarín; y mirando con cuidado era posible verle de perfil por encima del hombre izquierdo de Josephine Whittel.

Hayden Talbot, el autor de *Alimony,* llamó un día a Valentino a los Estudios de la First National.

—Lo pasará muy mal en Hollywood —le espetó—. Usted más parece un seductor que un héroe moderno. Tal vez guste usted a las mujeres, pero no a los hombres.

—Creo que no gusto a nadie —se desconsoló Valentino—. Desde *Alimony* no he conseguido ningún papel.

—El tipo no le ayuda —sentenció Talbot—. Es demasiado delgado y excesivamente guapo.

Valentino entornó los ojos y comtempló a Talbot suspicazmente. Desde su llegada a Hollywood, era el objetivo de todos los homosexuales. ¿Le había parado Talbot sólo para decirle que era guapo y preparar una entrevista con el fin de seguir «hablando de su carrera»?

El escritor echóse a reir como adivinando los pensamientos del joven actor.

—No tema, no me estoy declarando. Y no obstante, usted reaccionó cuando dije que era guapo. ¿Mariposean mucho los afeminados a su alrededor?

—He recibido varias proposiciones —asintió Valentino.

—Y eso no le gusta, ¿eh?

Valentino respiró profundamente.

—No.

—No intentaba ofenderle —se apresuró a expresar Talbot—, pero tiene usted todo el tipo..., ya me entiende. En realidad, me sorprende que no sea usted marica. Con tantos chicos como usted que lo son... —el autor volvió a reir—. Caso de serlo, conseguiría muchos más papeles, claro.

Las palabras de Talbot le hicieron a Rodolfo el efecto de un bofetón. El joven actor se irguió en toda su estatura, respiró a fondo, abrió más los ojos y se apartó del escritor antes de propinarle una tunda. Más tarde, cuando Valentino hubo andado unos minutos, la violenta cólera se había transformado ya en cenizas de desaliento. De modo que así era como le evaluaban todos, desde el director de repartos al escenarista: como uno de los «chicos», como un homosexual. De nuevo volvía a asaltarle el terrible conflicto. De nuevo volvía a su persona el espectro de su irresoluta sexualidad.

Aquella tarde, pareció ofrecérsele una solución en las figuras de dos extras masculinos a los que había conocido en los estudios de la First National.

—En el Torch celebran la noche de los «muchachos» —le

explicó uno de ellos, guiñando un ojo, al pedirle a Valentino que les acompañase.

Valentino ya había oído hablar del Torch, un club privado al que acudían los mejores miembros de la industria del cine, ofreciéndoles cualquier clase de diversión sexual.

—¿Tenéis acceso a ese club? —se extrañó Valentino.

Eran sólo extras como él, y le sorprendía que fuesen miembros de aquel club que servía de válvula de escape a las pasiones de los mercaderes de sueños en lata.

El más alto de los dos, un rubio llamado Bob, asintió.

—Sí. Hace ya tiempo que perdimos la virginidad. Una visita al Torch es un requisito esencial para triunfar en Hollywood.

Una vez más, Valentino se veía enfrentado con lo que parecía ser el *leit motiv* de su existencia sexual. Vaciló.

—Sabemos que estás haciendo todo lo posible por destacar —continuó Bob—. ¿Por cuánto tiempo podrás seguir manteniéndote en la cuerda floja? Se trata de adoptar un camino u otro..., o los dos. Pero en esta ciudad, ningún actor interpreta solo sus escenas.

Valentino ya estaba fascinado por los rumores oídos en torno al Torch. Miró a Bob, y por un instante, las facciones tristes y pacientes de Claude Rambeau quedaron sobreimpresionadas en el rostro del joven rubio. Quizás esta vez fuese diferente, suspiró Valentino con resignación. Quizás en esta ocasión se produjese una maravillosa especie de alquimia sexual.

—Bien, os acompañaré —aceptó.

En la actualidad, se levanta un gran supermercado en el sitio ocupado entonces por el Torch, club que ocupaba un gran solar y servía de escape a todos los deseos sexuales de los magnates del cine. La entrada al club sólo era posible a través de unas puertas celosamente controladas. Se decía que los mismos estudios pagaban a tales guardianes. El Torch no habría podido existir sin el pleno conocimiento de los dueños de los Estudios, ni habría florecido sin el soborno de diversas instancias oficiales. En realidad, el club carecía de nombre. Se le conocía como «el Torch» («La antorcha»), debido, al parecer, a los «feroces» romances que se originaban y concluían allí.

Aunque el club recibía voluntariamente a los amantes sexuales de cualquier perversión erótica, era esencialmente un paraíso para los homosexuales. Su interior lo había decorado una conocida estrella masculina de la época. Su propietario, un caballero de monóculo, no era homosexual, aunque sí un tipo extraño que se divertía contemplando los apareamientos sexuales de los demás. Hombre casado con una esposa robusta y acaudalada, con varios hijos, dicho propietario había fundado el club como un medio suplementario de aumentar sus ya sustanciosos ingresos.

Desde el momento en que traspuso su imponente portalada y llegó a la recepción color albaricoque, Valentino sintióse como amilanado ante el local.

—Dios mío, qué hermoso —susurró con reverencia, y

encendiendo nerviosamente un cigarrillo.

—Mira dónde arrojas la cerilla, querido —le advirtió el joven rubio—. Esos cortinajes son de seda pura.

—Fueron tejidos especialmente para este salón —comentó el otro acompañante de Valentino, Charles, que iba entre los otros dos.

Era un joven moreno, algo más bajo que Rudy, que parecía un poco molesto por las atenciones que Bob tenía con él.

Valentino miró a su alrededor y reconoció a varios hombres del First National y otros estudios.

—¿Unos combinados? —propuso Bob, cogiendo a Valentino del brazo—. Vamos al bar del salón rojo. Observo que el rojo es tu color preferido.

—¿Cuántos bares hay aquí? —inquirió Valentino, tratando de libertar su brazo de la presa que cada vez era más firme.

—Diez —respondió Charles, añadiendo un poco hosco—: Yo prefiero el del salón verde.

Se instalaron en una mesa con superficie de mármol, y un joven camarero acudió a recibir órdenes. Mientras aguardaban las bebidas pedidas, Valentino se enteró de que el Torch estaba inspirado en las termas romanas. Poseía cuatro piscinas, en las cuales, en noches alternas, los sexos podían mezclarse desnudos con toda libertad.

—Nada de pretensiones en el Torch —bromeó Bob—. Aquí todo el mundo ve a todo el mundo como es en realidad.

Había más de cuarenta dormitorios donde las parejas

(o los tríos o los cuartetos, según el gusto personal) podían explorarse agradablemente entre sí. La cuota del club era elevada, pudiendo llegar a mil dólares mensuales, según las facilidades utilizadas y la cuenta del bar. Se decía que algunos homosexuales ricos pasaban todas sus horas en el Torch, utilizando plenamente sus elegantes zonas de seducción.

—¿Cómo podéis pagar esta cuota con el sueldo de extras? —se admiró Valentino.

—No podemos —replicó Bob—, pero el fulano de Charles sí puede.

Charles, de pronto, estuvo muy ocupado bebiendo.

—A propósito —prosiguió Bob—, ¿no has de verte muy pronto con el viejo? Sabes que no le gusta esperar.

—Oh, cállate —se enojó Charles, pescando la aceituna en el fondo de su martini. Luego, aguzó los ojos y preguntó—: ¿Por qué tienes tantas ganas de que te deje esta noche?

—Ya sabes que tu viejo se pone celoso si nos ve juntos —le recordó el otro—. Y si se pone tonto podemos perder esa bicoca.

Charles asintió, frunciendo el ceño, y apuró su bebida.

—Supongo que esa vieja marica estará en la piscina de jazmín —murmuró, levantándose—. Hasta luego, Bob —se volvió hacia Valentino—. Hasta luego, Rudy.

—Te veré en la habitación 23 —le gritó Bob.

Charles giró sobre sí mismo e hizo un gesto obsceno.

—¿Qué has querido decir? —se informó Valentino—. ¿Qué tiene de especial la habitación 23?

—Ese cuarto —rió Bob— posee un espejo especial en el techo, encima de la cama, para que la gente pueda observar lo que en ella ocurre. Casi todo el mundo ha pasado por él, y cuando llega una pareja nueva, el encargado trata de llevarla allí para que los demás puedan echar una ojeada. A veces resulta muy educativo.

Valentino experimentó una gran revulsión en su interior. Estudió la confiada actitud del rubio y comprendió que Bob esperaba terminar la velada juntos. Valentino sorbió las últimas gotas de su martini. Tal vez aquella noche ocurriese algo inusitado, y todo resultase normal... aun dentro de la anormalidad.

—¿Vamos a nadar, querido? —prepuso Bob—. Como dije, esta es la noche de los «muchachos». No habrá chicas alrededor.

Valentino siguió a su compañero a las piscinas gemelas aromadas con jazmín, azahar, palo de rosa y sándalo. El joven aspiró aquella suave fragancia. Seguramente, ni siquiera los héroes de la Roma antigua habían gozado de tanta elegancia. Se desnudó y colgó sus ropas en un banco, según le indicó Bob. Valentino estaba orgulloso de su cuerpo y le encantó la atención que su «novedad» suponía para los demás bañistas.

—Posees un cuerpo magnífico, Rudy —alabó Bob.

—También tú tienes un buen físico —le cumplimentó Valentino.

No hallaba del todo atractivas las facciones algo toscas

del joven rubio. Tal vez, en estas condiciones, la experiencia resultase más atrayente. De todos modos, había resuelto aceptar las cartas que el Destino quería repartirle.

En tanto nadaban en las perfumadas aguas de la piscina, Valentino continuó asombrándose ante los personajes que veía allí. Una estrella masculina, que empezaba a ser considerada como el modelo genuino del tipo americano, estaba besando a un joven extra, con los dos cuerpos casi pegados dentro del agua. Bob le contó a Valentino que en los Estudios ya habían tenido que llamarle la atención a tal estrella a causa de sus continuos escándalos.

—¿Quieres que te dé unas friegas, querido? —le preguntó Bob a Valentino, cuando los dos se tumbaron al borde de la piscina.

Había llegado el momento. Una proposición clara. A Valentino le dio un vuelco el estómago e inconscientemente apretó y abrió los puños.

—De acuerdo —accedió.

—Hay una habitación magnífica no lejos de aquí —explicó Bob—. Y una estupenda mesa donde uno puede tenderse, con toda clase de linimentos para su cuerpo. Oh, soy muy diestro con las manos.

Los dos jóvenes se pusieron de pie, Bob sonriendo excitadamente, y echando un brazo por encima de los hombros de Valentino; y de este modo le condujo a la pequeña habitación.

—Entra —le invitó, empujando la puerta.

Valentino cerró los ojos con enojo cuando la puerta se cerró a sus espaldas. Sentado ante él, sobre una montaña de almohadas de terciopelo, se hallaba uno de los primeros directores de uno de los Estudios más importantes. El hombre estaba desnudo, con las delgadas piernas dobladas bajo la enorme panza y el hundido pecho.

—Bien, bien —rió el obsceno Buda, sosteniendo un cigarrillo entre los labios—, he aquí que Bob me trae a mi guapo chico tal como me prometió.

Valentino sintió que el sudor frío le bañaba la frente. Sólo tenía una toalla pequeña para tapar su propia desnudez. Cuando miró a su alrededor buscando a Bob, oyó el clic de la cerradura.

—Disfruta, querido —oyó cómo le gritaba Bob desde fuera.

La atención de Valentino se centró en el director, que se había puesto trabajosamente en pie. También había aplastado el cigarrillo en un cenicero. A un lado había una botella de whisky medio vacía. El hombre abrió los ojos con lujuria y enseñó la lengua para mojarse los resecos labios. Luego, sonrió. Sus delgadas piernas temblaban de anticipada delicia.

—Mi querido muchacho —murmuró el director, medio babeando—, ponte de rodillas.

La náusea contrajo el estómago de Valentino. Sentíase asqueado por la grosería de aquel individuo. Aquello era no la expresión, sino la degradación sexual. Había buscado el medio para elevarse al nirvana, y en cambio sentíase relegado a uno de los círculos más inferiores del infierno. Corrió hacia la puerta cerrada y empezó a golpearla frenéticamente. Cuando por fin alguien abrió, Valentino estaba temblando y sollozando como un niño, murmurando palabras ininteligibles en italiano.

Unos días más tarde volvió a encontrar a Hayden Talbot en el Estudio. Valentino le devolvió el saludo y trató de esquivar la charla con el escritor. Suponía que, como casi todo Hollywood, estaría enterado de la humillación sufrida por Valentino en el Torch.

Si Talbot estaba enterado del incidente, no obstante, no dio la menor señal de ello al interesarse por el estado de Valentino.

—Bien —continuó luego Talbot—, en estos momentos estoy pergeñando una historia en la que, si le interesa, habrá un buen papel para usted.

—¡Claro que me interesa! —exclamó Valentino rápidamente, entusiasmado—. Acabo de aceptar trabajo como bailarín, pero puedo cancelar el contrato.

—Calma, joven —rió Talbot, haciendo callar a Valentino—. Aún no tengo terminado el argumento. Y a lo mejor no le gusta a usted el papel. Se trata de un traidor.

—Bueno, al menos será algo más que un extra —replicó Valentino—. Por favor, no se olvide de mí. Estoy trabajando en la taberna del Barón Long.

La promesa de Talbot referente a aquel papel hizo que a Valentino le resultase más fácil su reaparición como bailarín. Por treinta y cinco dólares a la semana, Valentino estuvo bailando en la taberna Watts del Barón Long, en las afueras de Los Angeles. Su pareja era la hermosa Marjorie Tain, que pronto sería estrella de las Comedias Christie. Unas semanas más tarde, Valentino había aumentado su capital hasta el punto de poder enviar unos dólares a su madre, que continuaba viviendo en Taranto, ahora destrozada por la guerra. Era la primera satisfacción que tenía para su madre.

Una noche, después de terminar su número con Marjorie Tain, Emmett Flyn fue a verle al escenario con la noticia de que Hayden Talbot había terminado el argumento: si le interesaba, Rudy podía interpretar el papel. Valentino prorrumpió en una exclamación jubilosa y gritó varios «síes» antes de preguntar qué papel le tocaba en el reparto.

—Bastante importante —replicó el director—. Un malvado conde italiano que tiene bajo sus garras a Vera Sisson.

Valentino se quedó extasiado. Cobraría cincuenta dólares semanales, y el papel, aunque no exactamente protagonista, era importante, por lo que podría ser el primero de otros más enjundiosos. Parecía como si, sólo con dos películas, Rudy pudiese abrirse ya camino en el cine.

La película, no obstante, sufrió varias vicisitudes. Era una producción independiente, y su proyección se vio retrasada por unos iracundos *cameramen* que no habían cobrado sus sueldos, obteniendo a cambio unos derechos sobre la cinta.

Por fín, la película se estrenó dos años más tarde, en 1920, por la compañía *Fidelity,* con el título *La virgen casada.* Repuesta en 1922, con el título de *Esposas frívolas,* cuando Valentino había ya alcanzado la fama con *Los cuatro jinetes del Apocalipsis* y *El caíd,* el film sólo sirvió para fastidiarle.

Debido al litigio que impidió el estreno de *La virgen casada,* la posición de Valentino no mejoró. Emmett Flyn le ofreció siete dólares y medio diarios para interpretar un duro italiano del Bowery, y el joven aceptó. Al menos, razonó, aprendería algo respecto al arte del cine.

Milton Sills hizo amistad con Valentino y trató de ayudarle llevándole diariamente a los Estudios Goldwyn. Sills presentó a Rudy a Geraldine Farrar, su mejor dama, y ella le manifestó más adelante a un amigo:

—¿No crees que alguien debería interesarse por ese joven y ver qué es capaz de hacer?

Valentino había vuelto a bailar, ahora en el lujoso hotel Maryland de Pasadena, con Katherine Helps como pareja. Henry Otto, un director de la Fox, trabó amistad con él. Otto estaba impresionado por el encanto que irradiaba Valentino, aunque en tono de disculpa le manifestó al joven italiano que su compañía no estaba interesada en contratar a un tipo latino.

—Sí, su tipo lucha contra usted —declaró Otto, repitiendo lo que era ya casi un estribillo.

Al fin, Paul Powell, director de la Universal, contrató a Valentino como protagonista para dos películas de la Carmel

Meyers, *Una sensación de sociedad* y *Todas las noches*. Le ofreció un sueldo de ciento veinticinco dólares semanales y, aún más importante para Rudy, obtuvo el aliento de Powell.

—Sigue con ello, Rudy —le animó—. Lo conseguirás, muchacho, y si alguna vez cambia el clima de los Estudios, te harás famoso en Hollywood.

Con su acostumbrado entusiasmo, Valentino cogió parte de sus ahorros y se compró un «Mercer» de segunda mano por setecientos cincuenta dólares. La nueva «estrella», no obstante, no conservó largo tiempo su simbólica condición. Volvió a encontrarse sin trabajo. De pronto, por fortuna, se vio rescatado por su vieja amiga Mae Murray y su marido Bob Z. Leonard.

—Vaya, Rudy está que ni hecho a medida para el papel de Jimmy Calhoun, ¿verdad, querido?

Leonard frunció el ceño. Siempre le había costado creer que la amistad de su esposa con el guapo bailarín hubiese sido sólo platónica. Pero la temperamental estrella rubia se hallaba en el cénit de su carrera, y su marido, director, aunque muy celoso de todos los protagonistas de las películas de Mae, siempre accedía a sus deseos.

—Mae —se atrevió a objetar—, ¿de veras crees que el público aceptará a Rudy como el hijo de un millonario irlandés?

—Naturalmente —sonrió Mae—. Rudy lo conseguirá.

Y Rudy lo consiguió. O al menos interpretó bastante bien el papel del hijo que se enamora de la bella bailarina de la sala de fiestas en *La deliciosa diablesa*.

Mae, claro está, era la «deliciosa» del título, una tal miss Gloria de Moin, que mantenía un amor tempestuoso con la notable figura del hampa, Duque de Sauterne. El tímido «Jimmy» se horrorizaba al ver bailar a «Gloria» con mallas color carne, y casi fallecía de espanto en la escena en que ella aparecía desnuda en la caseta de su piscina. Fiel a los dramas anteriores a los años veinte, la «deliciosa» Gloria resultaba ser la pequeña Mary McGuire, hija de un constructor amigo del rico papá de Jimmy. Juntos derrotaban al malvado Duque y libraban a Mary de sus garras... en el momento en que concluía el último rollo de cinta.

Leonard frunció el ceño durante todas las escenas de amor entre Mae y Valentino, aunque sostuvo el desinterés profesional hasta que el film estuvo casi terminado. De pronto, un día, al volver de almorzar, encontró a Mae y a Rudy bailando en el plató un apasionado tango. La voluble Mae, como tantas estrellas de la época, mantenía constantemente una orquesta en los estudios a fin de tener una música de fondo adecuada al rodaje de sus escenas. Aquel día, Mae se había burlado de Rudy recordando sus tiempos de bailarín profesional, y le ordenó a la orquesta que tocara un tango a fin de poder demostrar a los extras y empleados del *set* lo buen bailarín que era su galán de cine.

—¡Esto es un *set* del estudio, no un salón de baile! —gritó Leonard hoscamente.

Luego, intentó tomarlo a broma. Sin embargo, los extras ya murmuraban bastante sin necesidad de que Leonard arrojase más leña al fuego. Y aquella noche, Leonard y Mae tuvieron la primera pelea de su matrimonio. A partir de entonces, no volvieron a invitar a Rudy a cenar con ellos.

Poco después de terminar el rodaje de la película, Valentino cayó enfermo: gripe española. Durante varios días, padeció una intensa fiebre, aunque se negó a llamar al médico y a tomar medicina alguna.

—No creo en los médicos —le confesó a Norman Kerry, su amigo más viejo de Hollywood—. Ni en las pastillas. Mi cuerpo es bastante fuerte para rechazar al invasor.

La negativa de Valentino de someterse a las recetas de un médico no era más que otra manifestación de la vena romántica que Valentino albergaba en su interior.

En *El romance de un bribón,* Valentino consiguió hacer un triunfo de un pequeño papel. Contratado para servir de bulto en las películas de Earle Williams para la Vitagraph, Rudy aparecía en la pantalla en un pequeño papel como bailarín apache en un *bistro* de París. James Young, el director, vio ensayar a Rudy y quedó muy impresionado por la interpretación.

—¿Por qué no dejan que ese muchacho ocupe unos minutos la pantalla? —le sugirió Young a Williams—. Baila una danza apache perfecta. Dará autenticidad a la película.

Williams consintió en ello y llamó a Rudy aparte.

—¿Dónde aprendió a bailar la danza apache?

—En París —respondió Valentino.

Encogiéndose de hombros, Williams volvióse al director.

—No es posible obtener más autenticidad.

Young permitió que Valentino interpretase el baile a su gusto, y aunque en la película era sólo una secuencia muy breve, obtuvo un éxito enorme.

—Algún día —les notificó Rudy a sus amigos—, seré el protagonista en una película de apaches. Sólo yo sé cuánto le debo a esa gente.

Después, Valentino apareció en *The Homebreaker,* para Thomas Ince. Lo que al principio parecía ser un papel decente, fue súbitamente atacado por las tijeras, y casi toda la parte de Valentino terminó en el suelo del laboratorio de montaje. Norman Kerry le hizo trabajar en *Pecadoras virtuosas,* mas a Rudy apenas se le percibía al fondo.

Mae Murray volvió a salvarle, otorgándole el papel de protagonista masculino en *The Big Little Person.*

Dorothy Gish apoyaba ya a Valentino e insistió en que D. W. Griffith le diese el primer papel, un héroe español, en *Días escarlatas.*

Griffith permaneció inconmovible.

—Oiga —le gritó a su estrella—, ya le dí un papel en *Out of Luck,* sólo porque a usted casi le dio un ataque. ¿Tiene acaso algo con eso chico?

Dorothy se ruborizó ligeramente y pegó con los pies en el suelo.

—Bien, no sufra otro ataque —la previno Griffith—. De

modo que usted cree que ese chico vale. Está bien, voy a decirle por qué no le contrato. Tiene un aspecto demasiado extranjero para triunfar en Hollywood. Es su tipo el que lucha contra él.

—¡Pero —protestó Dorothy Gish—, si precisamente yo pienso lo contrario! El protagonista de esta película es español. ¡Ha de tener el tipo de Valentino!

Griffith suspiró, harto de aquella discusión.

—Ahórrese el aliento, Dorothy. Para ese papel ya he contratado a Richard Barthelmess.

Sin embargo, el obstinado Griffith se dejó impresionar por el modo de bailar del joven italiano y contrató a Valentino como pareja de Carol Dempster para el prólogo de la obra teatral *The Greatest Thing in Life,* cuando se estrenó en el Auditorium de Los Angeles.

El director le ofreció generosamente a Valentino cien dólares semanales, y le aconsejó que «hiciera algo especial». Griffith tenía cierto interés por la encantadora Carol Dempster, que era más atractiva fuera que dentro de un plató. Para Griffith era sumamente importante que su nueva «protegida» obtuviese buena crítica en Hollywood. La pareja Dempster-Valentino obtuvo un éxito de clamor, y Griffith los envió a bailar como fin de fiesta cuando se estrenó *Días escarlatas* en un cine de la cadena Grauman. Valentino estaba demasiado necesitado de trabajo para irritarse por el irónico giro de los acontecimientos, giro que le obligaba a bailar como prólogo de una película en la que Dorothy Gish había querido que fuese el protagonista.

8

Poco después, Valentino rodó *Juventud dorada,* con Clara Kimball Young de protagonista, basada en la comedia de Max Marcin y Charles Guernan. Más adelante rellenó un formulario biográfico para la Universal, cuidando de embellecer los hechos a fin de conseguir mejores papeles. Es interesante observar las respuestas del joven galán a ciertas preguntas.

¿Cuál es su ciudad o pueblo natal? Taranto, Italia. En un palacio de mi familia.

¿Dónde obtuvo su diploma escolar? En la Academia Militar de Perugia.

¿Cuál es su mayor ambición? Ser granjero científico.

¿Qué incidentes extraordinarios, emocionantes o divertidos le han ocurrido antes o después de ingresar en el cine? Conducir mi propio Fiat (120 H.P.) en una carrera entre Roma y Nápoles y quedar segundo. Seguir un curso de aviación en 1915, en Estados Unidos, como preparatorio para volar a Italia. Eximido del Ejército italiano por una Junta Italiana de Nueva

York, a causa de un defecto visual. Dí lecciones de tango a Nijinski, famoso bailarín ruso.

¿Pertenecieron sus padres o parientes al teatro? No. Mi padre fue doctor en bacteriología al retirarse del Ejército.

¿Por qué decidió dedicarse al cine? Cansado de las pistas de baile. Vine a Los Angeles para entrar en el cine. Aguardé seis meses una oportunidad.

Si ha escrito algún argumento o guión, enumérelos. Escribí uno, aunque no se ha producido.

Nunca se sabe cuándo un poco de exageración inocente precisará del apoyo de una mentira mayor. Valentino necesita trabajar. Y razonó que debía fingir ser todo un caballero. Cuando empezó a cobrar fama después de *Los cuatro jinetes del Apocalipsis,* se encontró a veces en la embarazosa situación de tener que recordar lo que había escrito en el formulario.

Tal vez a causa de que en la mente de Valentino los romances de su vida cinematográfica y los asuntos más serios de la realidad se mezclaban indistintamente, generalmente logró prestar credibilidad a sus mentiras con suave arrogancia. No obstante, la prensa no tardó en averiguar que Rodolfo había nacido en Castellaneta, una población mucho más pequeña que Taranto. Nombrar una gran ciudad como lugar de nacimiento era una practica corriente, hecha solamente para dar una idea más clara de la zona natal. Pero tan sólo los amigos más íntimos de Valentino y los escépticos más insistentes supieron que fue expulsado de la Academia Militar por su indisciplina incorregible, que jamás albergó la menor intención de ser un «granjero científico», que su experiencia con un Fiat antes de ser famoso consistió primordialmente en los suspiros que lanzaba cuando veía alguno a través de sus ventanas, y que el guión escrito y aún no producido, probablemente no había pasado de la «fase de planteo», cuando rellenó el formulario. El «palacio de la familia» al que se refirió era, naturalmente, la casa de la esquina cerca de la plaza de Castellaneta, donde su padre tenía su consultorio de veterinaria.

Tal vez la película más rara entre las que filmó Valentino fue *Una aventurera,* de pareja con Julian Eltinge, un famoso travesti. Julián se parecía más a Sophie Tucker que a Elizabeth Taylor, pero llevaba unos vestidos cuyo precio era muy superior a todo lo que lucían las «verdaderas» estrellas de Hollywood. Sólo sus pelucas costaban más que todo el guardarropa de una actriz. Se decía que Julián Eltinge no era homosexual, y que sólo hacía semejante trabajo para vivir con el mayor de los lujos.

Aquel papel no añadió ningún laurel a la carrera de Valentino en Hollywood. Al contrario, en aquellos momentos más bien hubo varios comentarios poco gratos hacia él. Más adelante, cuando en 1922 se repuso la cinta con el título de *La isla del amor,* sólo sirvió para que algunos recordasen ciertas aventuras pasadas. Virginia Rappe era una segunda actriz de la película, mas en 1922 no pareció embarazada por haber tomado parte en la misma. En ese año ya había muerto, víctima de la orgía sexual llevada a cabo por el «Gordo» Arbuckle, que vació a Hollywood por su *derrière* y sacó de Washington a Will Hays («Mister Tijeras») con el fin de poner la casa en orden.

Muy poco después de rodar Valentino *Una aventurera,* un director que era ya amigo personal de Rudy, le llamó a su despacho y le preguntó seriamente si quería considerar las ventajas del matrimonio... sólo de nombre.

—Si deseas realmente llegar a estrella —le aconsejó—, has de demostrarle al público que sabes ser un gran amante. Hasta ahora, tu vida sexual ha sido neutra. Si tienes algún problema, hay por ahí muchos muchachos bien parecidos con problemas similares. Diablo, puedes fingir que tu matrimonio no es más que una larga escena de amor e interpretarla como si estuvieses delante de las cámaras. Entonces, no tendrás que demostrarles nada a las chicas del Estudio, ni a tus protagonistas; podrás enviar al infierno a todos los maricas, y tu esposa ni siquiera te molestará en casa. Podrás vivir tu vida a tu manera.

Valentino salió del despacho rojo de cólera. Las palabras del director amigo suyo le habían recordado el consejo que Jean Martin le había dado aquel verano de 1913. ¿Era realmente tan importante para el mundo que él amase a «su estilo»? ¿Es que no podía comprenderle nadie? ¿Tan raro era en realidad?

Valentino tuvo que admitir que su amigo tenía razón al

recriminarle su distanciamiento en las relaciones personales de los Estudios. Su única gran pasión era la ropa, y ahora ya poseía todo un surtido de trajes cortados a medida en el Continental. Bryan Foy, hijo del bailarín Eddie Foy, observó una vez que Valentino prefería quedarse sin comer varios días para poder adquirir el traje nuevo que le entusiasmaba.

Por otra parte, había ahorrado dinero con el fin de obtener un préstamo bancario y traer a su madre a California. Pero mientras se hallaba realizando los trámites relativos a inmigración de su madre, recibió la noticia de su muerte.

Estuvo desconsolado muchos días, negándose a ver a nadie. Insertaba cigarrillo tras cigarrillo en su boquilla de ebonita y se paseaba por su habitación, dando rienda suelta a su dolor. La mujer más hermosa de Castellaneta había muerto. La mujer que le había amado, que le había mimado, que lo había transformado en un apóstol del amor y la belleza no volvería a consolar a su Rodolfo.

Valentino apretó la frente contra el cristal de una ventana, enfriado por la lluvia. Si al menos no hubiese muerte antes de demostrar él lo que valía... Aún seguía siendo la oveja negra, el travieso Rodolfo cuyos actos de insubordinación y rebeldía avergonzaban a los Guglielmi. ¿Por qué, Dios mío, había fallecido antes de que él tuviese tiempo de conseguir cierta fama, cosa que tanto la habría enorgullecido?

Había soñado tantas veces con traerla a América... Había planeado adquirir un bonito apartamento en una zona tranquila de Los Angeles. Los dos habrían dado largos paseos los domingos por la tarde, visitando a los amigos de la colonia italiana. Pero Donna Gabriella había desaparecido y todo esto sería ya solo un sueño. Valentino nunca se sintió tan pequeño, tan solo.

Douglas Gerrard, un director de cine, insistió en que Rodolfo le acompañase a varias fiestas para presentarle «la clase de chicas más conveniente». Pese a las protestas de Valentino, Gerrard lo llevó a una de las fiestas domingueras que Pauline Frederick solía dar en su casa del Sunset Boulevard.

Valentino permaneció distanciado, incapaz de participar en la alegría de aquellos cineastas. Ya no pertenecía al mundo de las risas y el sol, sino al de la melancolía y la penumbra. La muerte de su madre pesaba mucho en su mente, y le habría parecido una monstruosa frivolidad tomar parte en aquella diversión cuando todavía llevaba el luto en el alma.

—¿No quieres una copa? —le preguntó una morenucha.

Llevaba dos copas en una bandeja de plata y con un gesto de la cabeza invitó a Valentino a tomar una.

—No, gracias.

—Tienes que beber —insistió ella—. Me han ordenado que pase una ronda y no podré sentarme a tomarme la mía con calma hasta que no haya repartido todas las copas que me han asignado. Toma una, por favor.

Valentino sonrió ante la exageración de la joven y aceptó una copa.

—Esta bien, pero prefiero el vino.

—Cuando se está en América, se bebe como en América —replicó ella—. En fin —añadió sorbiendo el contenido de la última copa de la bandeja—. Ya he cumplido con mi deber y puedo disfrutar de mi bebida.

—Creí haberte oído decir que ibas a sentarte para tomarte la copa con tranquilidad —sonrió Valentino con sorna.

—Sí, lo dije —asintió la muchacha, parpadeando—. Tú eres Rudy Valentino, ¿verdad?

—A tu servicio —repuso él, inclinándose con cortesía.

Fue a cogerle la mano para besarla, pero la muchacha la retiró sonriendo.

—Cuando se está en América, se besa como en América —canturreó.

Valentino se enderezó.

—¿Y no se presentan nunca esos maravillosos americanos? —preguntó.

—Me llamo Jean Acker —volvió a sonreir la joven.

Por primera vez en muchos días, Valentino volvió a sentir que el mundo era un lugar bastante habitable.

Se hallaba delante de una joven que parecía sincera y relativamente libre de la pseudo sofisticación de sus semejantes.

Era una joven a la que le gustaría mucho llegar a conocer mejor. Mas, como de costumbre, no sabía hilvanar una charla intrascendente. Empezó a inclinarse, y de pronto, riendo, se irguió de nuevo.

—¿Quieres bailar? —preguntó.

Cuando Valentino bailaba podía conversar realmente con las mujeres, siendo aquéllos los únicos instantes en que parecía estar a gusto en su compañía.

En los días siguientes, Valentino sintióse cada vez más a gusto en compañía de Jean Acker. Varios amigos suyos, que creían que conocía a Jean mejor de lo que en realidad la conocía, animaron a Valentino a que la viera a menudo. El 5 de noviembre de 1919, Rodolfo Valentino y Jean Acker se casaron en el Hotel Hollywood. Sólo un mes más tarde, el 6 de diciembre, la prensa publicaba la noticia de su separación.

A partir de entonces, el nombre de Jean Acker casi nunca salió en la prensa sin algún calificativo como «pobre» o «pequeña». «La pobrecita Jean Acker» se convirtió casi en algo semejante a «la huerfanita Annie».

En realidad, sus relaciones con Rodolfo Valentino pueden calificarse de trágicas. En una palabra, fueron un error. Lo cierto es que Jean esperaba de su matrimonio algo más que un acompañante guapo. Sus experiencias podrían considerarse como un poco ridículas antes del casamiento, puesto que eran bastante impersonales. Pero después de la boda, la joven pensó que Rudy la ayudaría a encontrarse a sí misma. Y eso se convirtió en el clásico caso del ciego que ha de guiar a otro ciego.

Rudy y Jean se inscribieron como huéspedes en el hotel Hollywood, como otras muchas estrellas del mundo del celuloide. La noche de bodas, Valentino interpretó todo un espectáculo en el vestíbulo al pedir la llave del apartamento de la señorita Acker. El conserje, un caballero que ignoraba que entre la pareja existían ya lazos matrimoniales, se negó a entregársela. Al fin y al cabo, ya tenían bastantes líos en el hotel. El gerente incluso había hecho poner tiestos con cactos delante de todos los apartamentos de la planta baja para impedir que los lascivos actores penetrasen en los aposentos de las actrices.

Mientras la gente se reía y Jean estaba ruborizada, Valentino exhibió de manera ampulosa su licencia de matrimonio, ufanándose ante el confuso conserje. Los varones presentes guiñaron el ojo por encima de sus cigarros cuando Valentino condujo a su flamante esposa al nido conyugal; y las damas suspiraron con envidia al ver cómo la juvenil pareja se alejaba del brazo por el pasillo. Sin embargo, al cabo de unos días, por Hollywood se esparció el rumor de que, para evitar cualquier resultado práctico, los recién casados pasaron la noche de bodas en habitaciones separadas. Bebé Daniels afirmó que Jean abandonó a Rudy antes del amanecer.

Existen pocas dudas de que Jean Acker realizó varios esfuerzos sinceros para comprender a Valentino y ayudarle a adaptarse a la vida de casado. Pero en tanto Valentino había ido al matrimonio completamente dispuesto a convertir a Jean en un objeto de «amor puro», sintióse inmediatamente asqueado ante las exigencias de su esposa, ansiosa de disfrutar de una sexualidad de tipo más convencional. Antes de un mes, Valentino estaba sumamente ocupado en el rodaje de *Once to Every Woman,* y se comentaba por todo el Estudio que un técnico del laboratorio ayudaba a Jean a consolarse de la frustración de aquel matrimonio de conveniencia.

Hay que observar que, a pesar del *faux pas* de su matrimonio, Valentino experimentó un afecto hacia Jean Acker mayor que por ninguna otra mujer. Al menos, la joven había intentado comprenderle. Fue con Jean Acker con quien Valentino pasó sus últimos días del mes de agosto de 1926, y fue ella la única que estuvo a su cabecera antes de morir. Y, contrariamente a la opinión popular, la esclava que llevaba Valentino en la muñeca cuando le enterraron era de Jean Acker, y no de Natacha Rambova o de Pola Negri.

Se dijo que llevar una esclava de plata era una afectación por parte de Valentino, cuando llegó a la cúspide de la fama. Los periodistas tendieron a considerar su afición a las joyas como otra prueba de la naturaleza afeminada del Caid. A las mujeres, sin embargo, les interesaba más saber quién le había entregado la esclava al Gran Amador. S. George Ullman, el agente de Valentino, contó a la prensa que el brazalete era un regalo de Natacha Rambova, la segunda mujer de Valentino. El agente explicó a continuación los elaborados planes llevados a cabo por ambos para sorprender a Rudy con el regalo.

Valentino siempre se mostró enigmático cuando le preguntaban respecto a aquella esclava.

—Me la regaló alguien a quien amé realmente —solía declarar.

—La esclava era un regalo de Jean Acker —aseguró Maureen Englin, que fue amiga de Valentino desde sus tiempos de lavaplatos y bailarín profesional—. Jean me lo contó cuando trabajamos juntas en el viejo circuito de vodeviles de B. F. Keith.

9

La mujer estaba sentada en la sala de proyección contemplando una y otra el mismo fragmento de película.

—¡Otra vez! —gritóle al maquinista cuando terminó la proyección.

El aludido suspiró cansinamente, murmuró algo en voz baja respecto a los «escritores locos» y volvió a pasar la escena de *Juventud dorada.*

La mujer limpió sus gafas con un pañuelo y se las colocó sobre la nariz. El encantador rostro latino reapareció en la pantalla. Sólo interpretaba un pequeño papel como demandado en un juicio por divorcio, pero resultaba muy seductor. La forma de moverse, la arrogancia de su apostura... ¡Sería un perfecto Julio Desnoyers en *Los cuatro jinetes del Apocalipsis*!

La mujer había luchado mucho para este film. Le habían objetado que las películas bélicas no tenían salida en el mercado. Pero, razonó ella, si eso era verdad, ¿por qué no hacer una película antibelicista? Y por añadidura, le comunicó a Richard A. Rowland, jefe de la Metro, que la novela de Blasco Ibáñez llevaba más de cien ediciones desde su publicación en Estados Unidos en 1919.

La mujer recogió sus notas y abandonó la sala de proyección cuando la película hubo pasado de nuevo enteramente. Entró en su despacho, cogió el teléfono y preguntó por Rex Ingram, el director del proyecto.

—Rex —le informó—, aquí June Mathis. Ya estoy decidida. Valentino interpretará el Julio.

La voz del otro lado calló unos instantes y, de pronto, protestó:

—¡Cometes una grave equivocación al darle ese papel a un desconocido! La película ya es bastante arriesgada en sí. Lo que necesitamos es un nombre famoso.

—Para el Julio, no hay ningún «nombre famoso» en Hollywood. Además —prosiguió June Mathis— ¿hasta qué punto es famosa Alice Taaffe?

—Ahora se llama Alice Terry —rió Ingram.

June Mathis era buena luchadora. El director era un galanteador persistente de la bella Alice. Por recomendación suya, June dio su visto bueno al papel de la protagonista, Marguerite Laurier.

—Si es ése el galán que quieres —concedió Ingram—, ya sé que es inútil convencerte de lo contrario.

June Mathis sabía que Valentino estaba con Selznick en Nueva York, interpretando a un granuja en la película de Eugene O'Brien, *The Wonderful Chance.* June llamó a la Metro, en Nueva York y no tardó en escuchar la excitada voz de Rudy.

—¡Tú serás Julio! —exclamó ella.

Valentino se echó a llorar. Había hablado con la oficina correspondiente, en la sucursal del Este, tan pronto como se enteró de que la Metro había adquirido los derechos de la novela de Blasco Ibáñez. Pero de nuevo tuvo que escuchar el consabido estribillo. No daba el tipo. No era más que un *gigolo.* Y le aconsejaron que se olvidara de querer interpretar protagonistas. Dos días más tarde, Rudy estaba en el tren camino del Oeste, con un guión de *Los cuatro jinetes del Apocalipsis.*

El éxito tremendo de *Los cuatro jinetes* impidió que la Metro quebrase. La película no sólo elevó a Rex Ingram a la categoría de máximo director, sino que abrió ante la Metro el camino de las «películas de masas». Y, naturalmente, el papel de Julio Desnoyers convirtió a Rodolfo Valentino en una estrella indiscutible.

Valentino se aplicó a la interpretación de aquel papel con un frenesí que conquistó el respeto de todos sus compañeros de reparto y la confianza de su director.

—Ese chico es estupendo —le confió a June Mathis—. Nunca he visto a un actor tan dedicado a su tarea.

Rudy apenas fingía. Para el romántico que había pasado su niñez jugando a bandoleros, piratas y gitanos, aquel papel era muy fácil de interpretar. Además, parecía hecho a la medida del joven actor. Julio era el nieto de un gran terrateniente de Argentina, alentado a llevar una existencia disipada por un abuelo excesivamente indulgente.

—¡Proyéctate a tí mismo en la película! —le aconsejó June Mathis durante una conferencia para discutir el guión—. El viejo muere sin testar y la tierra queda repartida entre sus dos hijas, una de las cuales se ha casado con un alemán, y la otra con un francés.

Valentino asintió con el gesto. En su imaginación, ya intuía el conflicto.

—Tú, Julio, y tu adorable hermana Chichi, acompañáis a vuestros padres a Francia —prosiguió June Mathis, moviendo las manos como pajaritos mientras hablaba—. Inmediatamente, papá Desnoyers compra una casa elegante en París y un extravagante castillo en el valle del Marne.

—Ya puede, con el dinero de su esposa —sonrió Valentino.

—Pero, ¿y su hijo? —rió June Mathis—. Julio se pierde en la ciudad. Echa de menos a sus queridas pampas donde caballgaba como el viento en sus magníficos caballos. Primero se aburre; después, se muestra inquieto ante la propia falta de actividad. Y está a punto de enloquecer.

—No le censuro —suspiró Rodolfo—, pobre chico.

—De modo que decide hacerse pintor.

—¿Por qué no? —asintió Valentino, frotándose la barbilla con el índice.

—El joven diablo pinta desnudos de día, y a París rojo de noche —June Mathis rióse de su propio chiste, guiñándole el ojo a Valentino—. Luego —añadió, levantando una mano para subrayar sus palabras—, la sociedad parisina descubre que él sabe bailar el tango.

—Ah... —exclamó Rodolfo, enarcando una ceja—. Muy bien.

June Mathis asintió lentamente, sabiendo que el joven actor estaba encantado de poder demostrar su habilidad en el baile.

—En una fiesta, conoce a Marguerite Laurier, que se ve atrapada en un matrimonio sin amor.

Valentino estaba sentado, en completo silencio, como si fuese un niño sobre las rodillas de su madre, en tanto June continuó resumiendo el argumento. Cuando ella habló del destino fatal de los amores de Marguerite y Julio, descubiertos en el estudio del joven por el enfurecido esposo, le temblaron las comisuras de su boca. Su espalda estaba como envarada cuando le detalló el alistamiento de Julio en el Ejército de la patria de su padre y cómo su temeridad y su desprecio por la muerte le hicieron ganar la *Croix de guerre.* Después, en el momento culminante de la historia, en el enfrentamiento de Julio y su primo Germán en el campo de batallas con la explosión de la granada que pone término a las vidas de ambos, los ojos de Valentino volvieron a empañarse por las lágrimas.

Cuando June Mathis terminó de contar el argumento, Valentino se le acercó y le cogió una mano. Sus labios rozaron el dorso de la misma y cuando habló, lo hizo con voz teñida de intensa emoción.

—No la defraudaré, señorita Mathis. Seré su Julio, el mejor que podía usted soñar.

En la primera «producción de un millón de dólares» de Hollywood, Rodolfo Valentino y Alice Terry justificaron la fe puesta en ellos por cada uno de sus protectores. También satisfizo al sentido fatalista de Valentino el hecho de que él y Alice hubiesen actuado como extras en *Alimony,* la primera película de aquél.

—Sigue los consejos de Rex —le recomendó June Mathis—. En este film te convertirá en estrella.

Valentino comprendió al momento que Rex Ingram sentía gran simpatía por él. Más adelante, sus temperamentos chocarían hasta producirse un rompimiento irreparable; pero en *Los cuatro jinetes,* Valentino permitió que el director fuese su único mentor. Aunque era obvio que Rex Ingram estaba concentrado en moldear la carrera de la actriz que no tardaría en ser su esposa, Valentino tuvo una completa confianza en las dotes de aquél como director. En realidad, era un meticuloso maestro. Rex Ingram se negaba a apresurar el rodaje, y no prestó la menor atención a los presupuestos preestablecidos ni a las órdenes dictadas desde la oficina superior. Ingram era un soñador con gran tendencia al misticismo. Hay que añadir en favor suyo que jamás acusó a nadie, sino a sí mismo, cuando, en alguna ocasión, sus sueños no llegaron a realizarse. Tan apuesto y guapo como las estrellas varoniles de la época, Ingram habría podido ser un buen galán de cine de no haber tenido más predilección por dirigir.

Valentino estaba contratado por trescientos cincuenta dólares semanales. El joven se mostró encantado con tal suma de dinero, y contento a causa de que en la película tuviese que bailar además de actuar. En efecto, había dos escenas en las que Valentino tenía que bailar el tango: en una ocasión ataviado al estilo gaucho, y en la otra como un artista parisino, embutido en un traje de magnífico corte.

Los cuatro jinetes del Apocalipsis se estrenó en Nueva York, Boston, Filadelfia y Chicago, donde fue aplaudida con entusiasmo por la prensa y el público: un formidable éxito. Y toda la crítica no vaciló en señalar a Rudolph Valentino como la verdadera estrella de la cinta. No obstante, el joven italiano tenía muchos competidores en la misma. Los nombres de Joseph Swickard, John Sainpolis, Alan Hale, Wallace Beery, Stuart Holmes y Jean Hersholt eran sumamente conocidos del público; además, Hale, Beery y Hersholt no tardarían en convertirse en estrellas favoritas del mundo entero. Alice Terry jamás consiguió la categoría de gran estrella, puesto que prefirió actuar preferentemente en las películas de su esposo, y a menudo se vio obligada a largos períodos de inactividad.

La Metro no tardó en asignarle a Valentino otra película titulada *Uncharted Seas* (Mares inexplorados).

—Pero, ¿y mi aumento de sueldo? —exclamó Valentino—. Me lo prometieron después de *Los cuatro jinetes.*

Enviaron a un mensajero de la oficina de los Estudios con el fin de calmar al joven actor.

—Cuando firmó el contrato se contentó con trescientos cincuenta dólares por semana —le recordó el enviado.

Valentino estalló en un arrebato de furor.

—Sí, mas ahora, cuando sólo oigo decir a todo el mundo que Valentino ha salvado a la empresa, ese sueldo me parece una injuria. ¡Exijo más! Yo he salvado a los Estudios de la bancarrota. ¡Sin mí, todos estarían ya pidiendo limosna por las calles!

Nada ni nadie conseguía calmar a Valentino, y hasta los *cameramen* y tramoyistas se reunieron para escuchar la discusión entre los dos hombres.

—Además, Alice Lake no me gusta— proclamó Valentino, aludiendo a la estrella femenina destinada a *Mares inexplorados*—. Soy muy psíquico y muy sensible respecto a estas cosas. ¿Cómo puedo trabajar con una mujer que no me respeta?

El director Wesley Ruggles, que sabía por Rex Ingram del carácter amistoso y de su devoción por el arte del joven italiano, quedóse totalmente asombrado ante aquel comportamiento.

—Me dijeron que era un ángel —se quejó al ayudante de dirección—, y ahora me encuentro con un italiano temperamental, que vomita fuego.

Valentino, sin embargo, estaba interpretando como nunca su papel, el día en que Alla Nazimova, la mejor de las estrellas de la Metro, se detuvo a verle actuar. La actriz rusa era una diosa de Hollywood que había aparecido en una serie de películas de propaganda durante la primera guerra mundial. En aquellas películas, la Nazimova representaba a la casta doncella, el símbolo de una Europa que luchaba contra los malditos hunos. Después de la guerra, la Nazimova demostró que era algo más que la personificación de la inocencia amenazada. La actriz poseía unas cuantas ideas bien definidas respecto al arte cinematográfico, que a menudo eran raras y grotescas, aunque atraían con especial interés a grupos de gustos poco convencionales. En 1922, la Nazimova produjo su *Salomé* con un reparto, según se dijo, formado completamente por homosexuales, como homenaje a Oscar Wilde. Esta película, financiada independientemente por ella, le hizo perder todos sus recursos e incluso el apoyo popular. Pero en la época de su encuentro con Valentino volvía a ser aclamada públicamente por sus atrevimientos cinematográficos. El papel que pensaba asignarle a Valentino era, no obstante, algo más convencional. Necesitaba un Armando que oponer a su Margarita Gautier, en *Camille.*[1]

Al fin, lo mismo que en *Los cuatro jinetes,* el «tipo» de Valentino empezaba a estar en favor del joven y no en contra. La Nazimova necesitaba un muchacho esbelto, moreno, «apasionado», y en la Metro no había ningún otro actor que encajase en esa descripción como Valentino.

Éste sintióse transportado de júbilo ante la perspectiva

(1) Estrenado en España con el título de «La dama de las Camelias». (N. del e.)

de trabajar junto a la actriz rusa. Le contó que estaba familiarizado con el papel de Armando, pues lo había visto en el teatro y había asistido a una versión operística: *La traviata.*

La actriz se echó a reír ante tanta fogosidad. Valentino estaba ataviado con ropas de invierno para su papel en *Mares inexplorados,* y la nieve artificial moteaba sus cejas.

—Existe un obstáculo que usted tendrá que superar —le espetó de pronto la Nazimova—. Natacha.

—¿Natacha? —repitió Rodolfo—. ¿Quién es?

—Natacha Rambova es mi directora artística y mi modista —explicó la Nazimova—. Es una joven de mucho talento. Si ella no le aprueba, yo no podré aceptarle a usted.

—Entonces, veamos ahora mismo si me aprueba o no —exclamó Valentino con excitación—. Deseo este papel desesperadamente y no conseguiré concentrarme en la cinta que estoy rodando ahora a menos que sepa si seré o no Armando.

Alla Nazimova frunció el ceño.

—¿Quiere ir ahora? ¿Vestido así?

—¡Sí!

Natacha se hallaba en el camerino de la actriz, trabajando en los diseños de los elaborados vestidos que la Nazimova luciría en *Camille.* Al oír la voz de la actriz, la joven, de elevada estatura, se puso de pie y extendió los brazos como disponiéndose a darle un abrazo de bienvenida. La sonrisa desvaneciose de sus labios al observar a Valentino, y dejó caer los brazos a sus costados.

—Querida Natacha —rió la Nazimova—, tenemos compañía. Guarda tus dibujos y dime qué te parece el *signor* Valentino como Armando.

Valentino estaba pasando su peso de un pie a otro, esperando una presentación formal que no llegó. Tenía un calor insoportable dentro de aquellas ropas.

—Me llamo Rudolph Valentino —murmuró.

—Claro, claro —le obligó a callar la actriz rusa—. Natacha ya le conoce. Calle ahora. Está pensando.

Natacha dio una vuelta lentamente en torno al actor, estudiándole con gran atención. Sus ojos eran fríos y carentes de pasión, y lo examinaba como si fuese un objeto de arte que tratase de adquirir.

—Tal vez ayudaría algo que me quitase el abrigo —ofreció Valentino en un susurro, sin atreverse a hablar en voz alta para no interrumpir la profunda concentración de Natacha.

—Sólo si está usted muy incómodo —replicó la Nazimova agudamente.

Valentino se preguntó si la otra joven era muda, dada su actitud.

—¿Qué opinas? —se impacientó la actriz rusa—. ¿Sabrá hacer el amor?

—¿Cómo puedo saberlo? —replicó la otra.

Rudy quedóse asombrado ante la dureza de su voz y la expresión de su rostro, denunciadores de que no le importaban en absoluto sus hazañas amorosas como amante... físico o espiritual. Valentino sintió afluir la sangre a sus mejillas.

¿Aquel iceberg humano era quien debía decidir si él interpretaría o no el papel de Armando?

—¿Por qué no hacer un ensayo? —preguntó de pronto Natacha—. Tal vez quede bien.

Rudy emitió un suspiro de alivio. Empezó a darle las gracias a la mujer que acababa de aceptarle para tan importante papel, pero ella ya había vuelto a sus bocetos. Parecía apartada de todo, como un antiguo emperador romano que, por un capricho momentáneo, hubiese decidido «poner el pulgar hacia arriba», salvando la vida de un desdichado gladiador.

—Listo —decidió la Nazimova—. Usted será Armando. Está decidido.

—Interpretaré ese papel como ningún otro en mi vida —prometió el joven.

—Claro. *Camille* jamás se ha interpretado como va a hacerse ahora. Aguarde a ver el guión y los trajes que Natacha ha diseñado.

Aunque Valentino no tenía la menor idea de la versión ultramoderna de la historia clásica de la *demimondaine* que la Nazimova preparaba, en aquel momento eso no le importaba en absoluto. Ciertamente, su categoría de actor subiría muchos grados oponiéndose a la célebre actriz rusa. Posiblemente su consagración.

—Usted se separó de Jean Acker, ¿verdad? —preguntó la actriz, cosa que sobresaltó a Valentino en aquel momento de exaltación. La pregunta resultó ser puramente retórica, puesto que la Nazimova añadió—. Conozco mucho a Jean. De vez en cuando trabaja para mí.

Natacha levantó la vista de los bocetos, abandonando algo su expresión indiferente.

—Se me ocurre —añadió la Nazimova— que usted seguramente no tiene acompañante para el estreno de *Los cuatro jinetes* en Los Angeles. Estoy segura de que a Natacha le encantaría acompañarle, si usted no tiene otros planes. ¿No es cierto, Natacha?

La joven frunció el ceño como estupefacta ante la suposición de que la Nazimova desease interpretar el papel de Cupido. Su sonrisa apenas suavizó el tono de enojo que expresó su voz al contestar:

—Si el *signor* Valentino no tiene otra compañía, me complacerá mucho ir con él.

Cuando Valentino hubo dejado a las dos jóvenes y se hubo puesto ya sus ropas de calle, visitó inmediatamente a June Mathis. Ésta se había convertido en una especie de madre para el joven italiano.

Durante toda su carrera, Valentino debía estar dominado sucesivamente por las mujeres, y nunca pudo estar sin la ayuda y el consejo de una mujer de edad que le sirviese de «madre» en los momentos de tensión o confusión.

Rudy le contó a June todo lo que acababa de pasar, y retrató a la extraña muchacha que había conocido.

—Ah, sí —asintió June Mathis—, Natacha Rambova. Es bonita y rica.

—¿Rica? —repitió Valentino.

—Sí. Su verdadero nombre es Winifred Hudnut, y es hijastra de Richard Hudnut, el rey de la cosmética mundial.

—Rica y bonita —sonrió Valentino—. Una combinación poco corriente.

—Y, además, inteligente y con talento —agregó June—. Estudió ballet en Europa y realizó una gira con Theodore Kosloff, como pareja suya.

—Entonces, ¿a qué viene el nombre de Natacha Rambova? —se extrañó el joven.

—¿Y por qué «Rudolph Valentino»? —se burló June. Luego, la mujer dejó de sonreir. Debía hacer de «madre». Le contó a Valentino que aquella chica no era para él y le advirtió que sería mejor que permaneciese alejado de Natacha y Alla Nazimova.

Cuando Valentino se separó de June Mathis, estaba más confuso que antes. Resulta interesante imaginar de qué forma habría prosperado la carrera de Valentino de haber seguido el consejo de June Mathis. Sin embargo, Valentino llevó como acompañante a Natacha al estreno de *Los cuatro jinetes* en Los Ángeles. Al principio, le pareció que estaba desobedeciendo a su madre Donna Gabriella, como cuando era niño. Al fin y al cabo, su «alma madre» le había aconsejado que no se enredase ni con Natacha ni con la actriz rusa. Pero ésta era un mujer que también inspiraba respeto y ella había sugerido que el joven y la muchacha formaban una pareja encantadora. Era extremadamente difícil negarle algo a una mujer como la rusa. También se le ocurrió a Valentino que tal vez June Mathis estuviese celosa al tener que ceder a otra mujer las riendas con que ella guiaba al joven actor desde el éxito de *Los cuatro jinetes.* Además, había que pensar en el papel de Armando. Ciertamente, Valentino no quería en modo alguno perder aquella oportunidad.

Para deleite suyo, Natacha resultó ser una compañera deliciosa en el estreno de Los Angeles, y no tardó Valentino en ir con ella a varias fiestas y a los clubs nocturnos de Hollywood.

Lo que Valentino nunca supo era que la Nazimova había convencido a la joven Natacha de que el joven italiano llegaría a ser el galán de moda si era debidamente manejado. Lo único que Valentino necesitaba era que alguien decidiese convenientemente por él. Natacha estaría soberbia en este papel de farol guía.

Valentino tenía que terminar otra película antes de poder rodar *Camille.* Y lo que no pudo ser un proyecto muy grato se trocó en una guerra de nervios. June Mathis había adaptado la novela *Eugenia Grandet,* de Balzac, en versión cinematográfica. Rudy debía tomar parte en la película, junto a Alice Terry, a las órdenes de Rex Ingram. Otra vez se había reunido el mágico triunvirato de *Los cuatro jinetes.* Y, como colofón, la Metro había aumentado el sueldo a Valentino en cincuenta dólares semanales.

Lo malo no tardó en sobrevenir, y precisamente a causa

del aumento de sueldo.

—Tú has levantado de nuevo a la Metro —le recordó Natacha—. Y se burlan de tí dándote sólo cuatrocientos dólares por semana. ¡Exige más!

Valentino realizó un vano intento de obtener el aumento, y al final decidió continuar trabajando, a pesar de la reprobación de Natacha. Sin embargo, sus observaciones respecto a haberse inclinado bajo el yugo de sus amos, produjeron cierto efecto en el joven actor. Y éste se presentaba en los Estudios todas las mañanas como si hiciese un gran favor a la empresa por haberse levantado de la cama. Ingram apenas creía lo que estaba viendo. El consciente Valentino de *Los cuatro jinetes* parecía ahora una verdadera *prima donna.* Al fin, el meticuloso director no pudo soportar la arrogancia de Valentino, y las dos poderosas personalidades chocaron en una pelea a grito pelado que terminó con la salida de Valentino del plató, profiriendo obscenidades.

June Mathis riñó a ambos y exigió que hiciesen las paces, pero los dos caracteres continuaron lanzando chispas de cuando en cuando. Valentino, a pesar de la intensa guerra que constantemente la mantenía furioso, hizo una interpretación estupenda, mas cuando la cinta estuvo ya enrollada, Ingram juró que nunca más volvería a dirigir a Valentino. Y efectivamente así sucedió.

—Cogeré a cualquier extra y lo convertiré en estrella, como hice con Valentino —le confió a June Mathis.

Para demostrarlo, Ingram eligió a un joven que había

actuado como extra en *Los cuatro jinetes.* Se llamaba Ramón Samaniego, pero el decidido director le cambió el nombre por Ramón Novarro y lo enfrentó con Alice Terry en *El prisionero de Zenda.* La película llevó a Novarro a la fama de la noche a la mañana, y el joven actor, de origen mejicano, se encontró considerado en los carteles como «el segundo Valentino». Aunque la posición de Ramón Novarro en la galaxia de Hollywood no es tan legendaria como la de Valentino, su categoría como uno de los artistas inmortales del cine mudo está asegurada. En 1927, poco después de la muerte de Valentino, el pequeño drama se completó de manera irónica cuando Ramón Novarro interpretó el papel de Ben-Hur en la película del mismo nombre, papel que Rudy había deseado desde largo tiempo atrás.

Valentino se dispuso a interpretar el Armando con gran entusiasmo. Natacha estaba a su lado para ayudarle en lo relativo al cabello y los trajes. Rudy se había enterado del amor que Natacha sentía por la danza, y también se mostró fascinado por el interés de la muchacha en el ocultismo. Desde su infancia, Valentino se había sentido atraído por los temas de carácter mítico. Natacha había estudiado mucho respecto a lo «sobrenatural» y poseía fuertes convicciones sobre el mundo invisible. Creía firmemente en la reencarnación.

—Regresamos sin memoria para ver si hemos olvidado las lecciones— le contó en cierta ocasión a Rudy—, pero de vez en cuando tenemos atisbos de existencias anteriores.

Rudy repuso que seguramente ambos se habían conocido en alguna vida anterior. Natacha le contestó que era muy probable. La joven le confió a Rudy que ella tenía como guía a Meselope, el espíritu de un antiguo egipcio que la dirigía en la mediumnidad de la escritura automática.

Sin embargo, Valentino estaba más interesado en las opiniones de Natacha sobre el matrimonio. Ella aseguraba que una unión sincera era espiritual. El abrazo de la carne era, a lo sumo, fugaz, temporal. El verdadero amor era espiritual, sin ensuciarlo por las exigencias y los deseos del cuerpo.

—¿Qué opina Meselope de Rudy? —preguntó la Nazimova un día en que todo el personal se reunió en torno a Natacha y su *planchette* entre dos sesiones de *Camille.*

Natacha, envuelta en las ropas orientales que a menudo lucía, captó la sugerencia. Cerró los ojos como entrando en trance, y su mano se movió con ligereza sobre una hoja de papel, trazando rápidamente las palabras del mensaje.

Una extra se inclinó por encima del hombro de la joven y sonrió.

—Vaya, chica —se enfadó la Nazimova—, ahora que tú ya lo has visto, léelo en voz alta.

«Valentino llegará a la cúspide, leyó la joven extra, si le guía una mujer.»

Nita Naldi, que era una de las pocas amigas de Natacha Rambova y la única de las coprotagonistas de Valentino que le apreciaba, a menudo se refirió a la dependencia de la pareja Valentino hacia el «egipcio muerto». *Nitzie* solía decir:

—Cuando algo les trastornaba, Natacha sacaba la *planchette* y empezaba a escribir mensajes y consejos dados al parecer por el viejo Meselope. Se suponía que éste estaba en contacto con el mundo espiritual. Realmente, la pareja creía en todo eso. Y era estupendo que tuviesen ese intercambio espiritual, pues dudo de que lo hubiesen tenido de otra clase. A ninguno de los dos les gustaban esas cosas... al menos, en una forma normal. Rudy era un buen chico. Y cuando yo interpretaba un primer plano con él, me excitaba. De pronto me restregaba los pechos y me mordisqueaba una oreja... mas nunca pasaba de ahí. Nunca nada fuera de la cámara. Fred Niblo, nuestro director de *Sangre y arena,* lo atrapó una vez palpándome de este modo, y le increpó preguntándole cómo esperaba que nuestras escenas de amor pasaran por la censura con aquel magreo. Rudy se disculpó, alegando que los brillantes focos le impedían verme debidamente, por lo que tenía que palpar para encontrarme. Siempre me imaginé que cuando Rudy falleciese y pasara al mundo espiritual, le pediría a un espíritu jefe que le dejara a solas con alguna fantasma bonita para poder hacer el amor de una manera normal.

Ofreciéndole Natacha el espiritismo y un amor espiritual, Valentino fue incapaz de resistirse. Además, con sus constantes consejos sobre su carrera, era obvio que la muchacha comprendía sus grandes ambiciones. Jean Acker jamás había apreciado el concepto que Rodolfo tenía del matrimonio, ni su filosofía de llegar al estrellato a toda costa. Y Valentino se dio cuenta de que Natacha sería una compañera muy superior a Jean Acker. Después de todo, indicó la actriz rusa, él y Natacha tenían muchos intereses en común.

Desde el comienzo del rodaje de *Camille*, el estudio estaba ya lleno de rumores respecto a las relaciones amorosas existentes entre Valentino y la directora artística de la Nazimova.

La «pobrecita Jean» se mantuvo apartada de los chismorreos. Ella y Valentino continuaban siendo amigos a pesar de su separación legal, y Jean creía que Valentino la respetaba hasta el punto de comunicarle personalmente su intención de pedir el divorcio.

Valentino le confió a un amigo que había decidido divorciarse de Jean, pero que la amistad y el aprecio que sentía hacia ella le impedían pedírselo personalmente. No quería herir sus sentimientos ni deseaba que una publicidad de aquel género enturbiase la carrera o la reputación de la muchacha.

—Es obligación de todo caballero asumir la responsabilidad en estos asuntos —añadió—. No, no quiero manchar el buen nombre de Jean.

Entonces, el amigo de Valentino, de profesión fotógrafo, sugirió un medio por el que el actor no se vería obligado a enfrentarse personalmente con Jean, a riesgo de manchar su reputación.

Jean Acker quedóse estupefacta cuando le entregaron en su habitación del hotel Hollywood un sobre que contenía varias fotografías de Valentino y Natacha en posturas muy comprometidas. Era obvio que el joven estaba al corriente de aquellas fotos, puesto que eran tan estilizadas como si las hubiese dirigido la propia Nazimova. Jean Acker sintióse muy amargada por el modo anónimo escogido por Valentino de darle a conocer sus deseos, en vez de hacerlo en persona.

Sin embargo, no podía hacer otra cosa que enfrentarse con aquella charada sexual y solicitar el divorcio.

10

A insistencia de Natacha, Valentino visitó el famoso estudio Players-Lasky (hoy día Paramount Films) y conoció el jefe Jesse L. Lasky. Rudy le había contado a su prometida por obligación que consideraba a la empresa Players como los mejores Estudios de Hollywood y que le gustaría trabajar para ellos. A Natacha le pareció que era el momento propicio para el traslado. La Metro, después de *The Conquering Power*[(1)] y *Camille*[(2)], no tenía nada que ofrecer a Valentino. Y esta última película no tardaría en quedar terminada del todo.

—Tienes que conseguir papeles de mayor enjundia —le soltó Natacha—. Personajes que lleguen a lo más profundo del corazón y el sentimiento humano. No puedes ser eternamente el amante romántico.

A Valentino le recibieron cordialmente en los Estudios Players, y Jesse Lasking mostróse alentador.

(1) En España fue estrenada con el título de «Eugenia Grandet».

(2) Estrenada en España con el título de «La dama de las Camelias». (N. del e.)

—Seguro que pronto tendremos algo para usted —aseguró—, aunque, claro está, no lo tengamos en estos momentos.

Lo que luego sucedió se ha convertido en una de las grandes leyendas de Hollywood, firmemente parapetada en la mitología relacionada con sus estrellas.

Jeane Cohen, consejera y secretaria de Lasky, llevaba varias semanas intentando ser recibida por su jefe, para hablarle de una novela que había leído y que estaba segura de que trasladada al celuloide resultaría un éxito comercial.

Jeane Cohen era una joven sosegada, que había aprendido su oficio en Broadway, a las órdenes de David Belasco. Cuando Lasky siguió alegando estar «demasiado ocupado para atenderla», ella dejó su resumen a un lado pacientemente y se dedicó a otras tareas en los Estudios. Finalmente, después de la visita de Valentino a Lasky, la joven consiguió tratar aquel asunto con su jefe.

—De acuerdo, Jeane —asintió Lasky finalmente—, estoy dispuesto a escuchar lo que tiene que decirme referente a ese futuro éxito de taquilla. Pero sea breve, por favor.

—Bien, señor Lasky —empezó la Cohen—, es una novela de la que se ha vendido edición tras edición en Inglaterra. Su autora es inglesa, E. M. Hull, y se llama *El jeque* (The Sheik).(1)

Lasky cruzó las manos sobre sus rodillas y se echó hacia

(1) Fue estrenada igualmente en España con el título de «El Caíd».

atrás para prestar unos momentos de atención al análisis que su secretaria hacía de la novela. En esencia, era igual que *La fierecilla domada,* de Shakespeare, trasladada a las dunas del desierto. Una orgullosa joven inglesa es secuestrada de su caravana por un joven jeque del desierto; al secuestro sigue la seducción en la tienda de campaña, donde él la doma y le enseña las técnicas de la pasión del desierto. Al final, claro está, ella ha aprendido a amar al joven jeque y él se ha visto obligado a luchar por ella. Era un argumento facilón, lleno de romanticismo. Sin embargo, con un protagonista masculino de buena estampa...

—Pero no tenemos a nadie para ese papel —replico Lasky, cuando la señorita Cohen concluyó su resumen.

—No, aún no —sonrió Jeane Cohen—, pero justamente estuvo aquí el otro día charlando con usted.

—¡Ah, sí! —exclamó Lasky, dándose una palmada en la frente—. ¡Rudolph Valentino! Es bastante moreno para parecer árabe, y goza de bastante popularidad a causa de *Los cuatro jinetes.* Pero —añadió Lasky desconsolado—, está contratado por la Metro.

—Me tomé la libertad de averiguarlo —repuso la Cohen—, y sé que la Metro ya no le tendrá bajo contrato una vez terminado el rodaje de *The conquering power.* película que está a punto de finalizar.

Lasky sonrió ante la eficiencia de su secretaria y levantó uno de los teléfonos de su escritorio.

—¡Eso es pura basura! —rezongó Natacha, arrojando el guión que Valentino le había dado a leer—. ¿Y dijiste que lo harías?

—Pensé que te gustaría —protestó Valentino—. Me ofrecen quinientos dólares a la semana.

—¿Eres acaso una puta que se vende cuando quiere el cliente? —le acusó Natacha—. ¡Este guión es asqueroso!

Valentino trató de evitar aquella mirada.

—Yo diría que es muy bueno. Y el mío es un papel muy dramático —añadió, tratando de imbuir su propio entusiasmo en la joven—. Piensa en los trajes que tendré que llevar: caftanes, albornoces y turbantes con plumas, y espadas con empuñaduras engastadas en joyas.

Natacha bufó y sacudió tristemente la cabeza.

—Se trata de la clase de bazofia romántica que gusta a las dependientas, a las solteronas y a las porteras. Nunca conseguirás la fama con esta clase de público. Pero, puesto que ya has firmado este estúpido contrato, no te queda otro remedio que cumplirlo.

Natacha tenía razón. La crítica no aclamaría la aparición de un «jeque», pero cuando Valentino le decía a la altiva Agnes Ayres, la chica inglesa secuestrada, que dejase de forcejear, y gritaba: «¡Quieta, tonta!», las mujeres de todas las edades quedarían extasiadas ante el subtítulo, y saldrían del cine como hipnotizadas por la amenaza sexual del jeque. ¡A paseo los críticos! Valentino había creado un héroe romántico popular que en el vocabulario del día sería sinónimo de varón apasionado, de «machote», al lado de la nueva vampiresa Theda Bara. Más aún: el joven actor quedaría reconocido como el Gran Amador de los años veinte.

Los intentos de analizar los múltiples elementos que constituyen un símbolo sexual suelen terminar en un estanque de adivinanzas psicológicas. ¿Quién puede pronosticar qué rostro atractivo conseguirá tener bastante atractivo sexual en oleadas psíquicas para paralizar y conquistar a una nación entera? ¿Quién jamás logrará inventar un barómetro cultural que sea capaz de determinar cuándo una generación determinada está lista para un nuevo culto a Baco?

Ciertamente, la recién conseguida emancipación de las mujeres tuvo mucho que ver con la deificación de Valentino como el dios del Amor. América había sufrido una dramática revolución en las costumbres y en la moral después de la primera guerra mundial. Las mujeres se habían liberado de los corsés de las restricciones y los convencionalismos sociales, y estaban destruyendo la ética puritana que les había prohibido fumar, conducir coches, beber y pensar en el sexo. Las jóvenes empezaban a maldecir y jurar, a veces con obscenidades propias de carreteros. Las mujeres eran libres y estaban maduras para el amor, pero todavía quedaban sus novios y sus maridos, que en su mayor parte eran unos mojigatos..., al menos en lo concerniente a las mujeres. La búsqueda del amor mantenía atrapadas a las mujeres casi en la misma monótona rutina que había destruido a sus madres. Fue Valentino el que apareció en la pantalla para responder a la palpitante necesidad de veinte millones de mujeres frustradas. Tal vez aún no habían adquirido al valor suficiente para contender con la libertad individual, pero iban aumentando su fuerza *en masse* como sacerdotisas del culto a Adonis; quizás no eran todavía lo bastante valientes como para decirles a sus maridos o amantes que estaban hartas de la rutina monótona y metódica de hacer el amor... Pero ya encontraban satisfacción y goce en los brazos de aquel amante viril fantasma de la pantalla de plata. «El Gran Amador» se convirtió en el punto focal de toda la emoción amorosa. Valentino significaba todo el escamoteo de los amantes y maridos de aquellas mujeres; Valentino era el romance.

Las películas ofrecían un afrodisíaco a una nación ya sexualizada. Según el credo cinematográfico, sin embargo, el amor era exclusiva propiedad de la juventud, de los no casados. Las parejas casadas siempre quedaban retratadas como figuras tristes, sombrías, en segundo plano. El amor llegaba impetuosamente para quienes no temían aprovechar la ocasión del momento. Un amante latino o un aristócrata árabe habrían logrado que las mujeres de la generación anterior se encogieran con un terror exagerado ante tanta lujuria. Pero no les ocurría lo mismo a las sofisticadas mujeres de los años veinte: a éstas ya no les importaba rendirse al encanto continental o a la salvaje barbarie. La mujer de aquella época estaba madura para Rodolfo Valentino.

Los amantes latinos anteriores a la primera guerra mundial eran villanos, individuos astutos, malvados, que raptaban a las protagonistas vírgenes, a quienes los protagonistas también vírgenes salvaban al final de la película. Wallace Reid o Milton Sills, o cualquier otro de los Tipos de Chico Americano dominaba a la serpiente latina, de cabello untuoso, poniendo fin a su nefasta carrera. Luego, apareció Valentino como Julio, en *Los cuatro jinetes,* y ocurrió algo contrario a todas las leyes cinematográficas. El mismo personaje que hasta entonces era el villano, resultaba ahora el romántico Apolo; el mismo libertino lleno de pomadas y de tez olivácea que había provocado la repulsa de todas las mujeres, ahora sólo provocaba suspiros ardientes. Si bien era cierto que había un encanto innegable en la masculinidad perfecta de un Charles Ray, un Thomas Meighan o un Wallace Reid, aquellos individuos todavía eran torpes y tímidos ante el acto del amor. Bien, aquí estaba Valentino, y cuando apareció como el joven aristócrata árabe en *El jeque,* en 1921, no hubo una sola mujer entre el público que no llorase de envidia cuando él se llevaba a Agnes Ayress a su tienda del desierto.

La actuación de Valentino, según Adolph Zukor, uno de los productores, «estuvo grandemente limitada a la proyección de sus grandes y casi escondidos ojos, hasta resultar visibles amplias zonas del blanco de los mismos, y sobre todo los primeros planos de sus labios sensuales y sus blanquísimos dientes, así como sus palpitantes aletas de la nariz».

El atractivo mágico de los trópicos parecía capaz de compensar cualquier falta de sutileza en la actuación de Valentino. El romanticismo del jeque árabe parecía ofrecer lo más nuevo en escapismo sexual. El escenario estaba situado en tierras lejanas, muy apartado del cercano mundo real. Si la imaginación de una mujer pedía el pecado, sabía que podía hacerlo libremente entre las dunas, muy lejos de los ojos voraces del vecindario más inmediato. La reputación del árabe como amante lujurioso y viril era algo perpetuado a través de los siglos. Un antiguo libro árabe de medicina prescribe:

«Romper el virgo de una doncella es el mejor antídoto contra las enfermedades propias. Buscarla sin cesar, hasta que el himen quede destruido, es un poderoso remedio para la depresión del varón.»

El hecho de que el jeque tuviese un harén y no pudiera por consiguiente, pertenecer a una sola mujer, ofrecía aún más interés a la libertad que la mujer deseaba, sin cercos ni monotonía en su vida cotidiana. Por otra parte, la poligamia del amante del desierto ofrecía un reto a cierto tipo de mujer, que deseaba convertirse en la Única, a fin de satisfacer ella sola la lujuria del jeque, ejerciendo ante él todos los poderes de su feminidad.

Un año más tarde, Valentino había revolucionado todas las técnicas del arte del amor, había promocionado las ventas de vaselina y brillantina, introducido los pantalones acampanados en la moda masculina y la palabra «jeque» en el idioma popular.

En 1922, la influencia de Rodolfo Valentino en la cultura norteamericana era tal que el senador Henry L. Meyers mencionó «el jeque», en el Registro del Congreso del 29 de junio de 1922, entre las diversas razones por las que la censura debería mostrarse más severa con el cine...

«... las películas están llenas de tipos tales como... un tal Valentino, siendo la principal figura en violaciones, divorcios sensacionales, raptos... En Hollywood, California, existe una colonia de tales personas, entre quienes las orgías, la sensualidad más desenfrenada, las borracheras, la disipación y el amor libre son el pan cotidiano. Muchas de estas «estrellas» eran antiguos camareros, carniceros, jaboneros, actores de variedades y actrices de poca monta, que ganaban de diez a veinte dólares semanales; y en cambio, en la actualidad algunos cobran salarios de cinco mil dólares al mes o más, y no saben qué hacer con tanto dinero, extraído a los pobres, en gran parte, mediante entradas de veinticinco o cincuenta centavos, por cuyo motivo gastan su existencia en el vicio y el desenfreno. Son éstos los personajes de quienes la juventud moderna copia sus costumbres, sus opiniones y sus puntos de vista. Son en estas fuentes malsanas en las que la juventud americana bebe su inspiración y su forma de vida. Una fuente insensata, ¿no es cierto? Opino que es preciso hacer más rigurosa la censura, ¿no les parece?».

Los magnates de los Estudios estaban mucho menos interesados en la «necesidad de una censura» que en conseguir la mayor parte de aquellos veinticinco o cincuenta centavos por entrada de la «gente pobre». De acuerdo con las premisas del mundo del espectáculo, según las cuales nada llama al éxito como el éxito, o una buena imitación del mismo, otros Estudios se dispusieron a lograr que sus protagonistas siguiesen las huellas del jeque. John Gilbert lució mantos y pantalones morunos en *Arabian Love (Amor árabe)*, en 1922. El amador latino de la Metro, Ramón Novarro, persiguió a la protagonista de *Los cuatro jinetes,* Alice Terry, a través de las ardientes arenas del desierto, en *El árabe (Arab)*, en 1924. En el mismo año, Arthur Edmund Carewe amenazó sexualmente a Norma Talmadge en *Song of love (Canción de amor)*. Ricardo Cortez y Antonio Moreno también fueron convocados para contrastar sus perfiles con el de Valentino. Aunque cada uno de estos imitadores del «jeque» eran galanes populares, con una buena fama establecida, ninguno de ellos consiguió robarle un ápice de gloria al hombre que personificaba la verdadera esencia del magnetismo animal y el atractivo del trópico.

Una de las bromas más sardónicas de Hollywood era que la vida amorosa, fuera de las cámaras, de su principal Adonis fuese tan pobre como apasionada era en sus películas.

Marcello Mastroiani, el último de los grandes amantes latinos, y tal vez uno uno de los últimos galanes, contestó a una pregunta del ejemplar de julio de 1965 de *Playboy*:

«El éxito de un tipo como Valentino o Marilyn Monroe es inevitablemente dramático, trágico, grotesco..., porque la vida privada de tales seres casi siempre es muy pobre. Hay que figurarse el enorme esfuerzo que tuvo que realizar Rodolfo Valentino para convencerse a sí mismo de que era realmente como su mito..., o aún peor, que no era como su mito. Estoy seguro de que personalmente gozó muy poco del amor. ¿Puede esto hacernos reír? A mí me hace llorar.»

11

A pesar del fantástico éxito de *El jeque,* Natacha continuó apabullando a Valentino por haber trabajado en tal «basura». Cuando él anunció su próxima película para la empresa Players, *Moran of the Lady Letty*[1], se asegura que Natacha le chilló a Valentino como una madre frustrada lo haría a un chico incorregible.

—¡Si haces esta película —exclamó—, te habrás hundido en el pozo del mal gusto!

Valentino no se mostró de acuerdo.

—Lasky dice que los hombres opinan que parecía demasiado afeminado en *El jeque.* Este guión se basa en una novela de Frank Norris, que describe sólo acciones duras y reales. Lasky desea que yo interprete un papel de hombre duro para demostrar que también puedo hacerlo cuando llega la ocasión.

—Es mejor —rió Natacha— que continúes trabajando en

(1) Estrenada en España con el título de «El Grumete del velero». (N. del e.)

medio de almohadones perfumados y cortinajes de seda si quieres exhibir tu cuerpo.

Cuando metió un cigarrillo en su larga boquilla, a Valentino le tamblaron las manos.

—Tengo confianza en poder interpretar lo mismo un aventurero que se sirva de sus puños que un secuestrador del desierto.

—Si tanto significa para tí interpretar un macho —suspiró Natacha con resignación—, adelante, haz la película. Pero recuerda esto: es lo peor de este mundo retroceder un solo peldaño en la difícil escalinata que conduce al éxito.

El sentido de lo dramático del joven italiano quedó satisfecho cuando se enteró de que su compañera de reparto sería Dorothy Dalton. En 1919, él había aparecido en un pequeño papel en la película de Dalton, *The homebreaker (El intruso)*, y casi toda su intervención había sido cortada en el laboratorio. Ahora, su papel casi arrollaría por completo al de Dorothy Dalton.

Pero ni el sueldo de setecientos dólares semanales sirvió para apaciguar a la exasperada Natacha, quien afirmó que aquella película era indigna de Valentino.

Beyond the Rocks (Detrás de las rocas)[1], la tercera película de Valentino para la Players, provocó otra diatriba exaltada de Natacha, la cual llegó a decir que las «rocas» debían

(1) Estrenada en España con el título de «Más fuerte que su amor». (N. del e.)

estar en la cabeza de Valentino si éste consentía en interpretar semejante barbaridad. El hecho de que la compañera de reparto fuese Gloria Swanson calmó un tanto a Natacha, aunque consideraba a la Swanson tan sólo una comedianta procedente de los films cómicos de Sennet-Keystone. La presencia de Natacha en el plató no sirvió en absoluto para mejorar las relaciones entre la Swanson y Valentino, quienes, a los pocos días, decidieron que ni les gustaba el guión ni se gustaban mutuamente. En efecto, el guión, escrito por la Alta Sacerdotisa del Sexo, Elinor Glyn, no era más que otro pedazo de pastel destinado a las emancipadas mujeres de los años veinte.

Al final, Natacha compartió la alegría de Rudy cuando éste le comunicó que iba a protagonizar otra adaptación de Blasco Ibáñez, *Sangre y Arena,* dirigida por George Fitzmaurice.

—Fitzmaurice comprende el temperatmento latino —le aseguró Valentino a Natacha—. conseguirá de mí la mejor interpretación de mi vida.

Rudy maldijo a todo el mundo el día en que la comunicaron que Fitzmaurice no podía dirigir *Sangre y arena.* Confiaba en él para hacer una gran película.

Aunque Valentino «se mordía la lengua» cuando había señoras delante, conseguía empañar el aire cuando daba rienda suelta a su vocabulario. Jass Lasky se palmeó la frente desesperadamente cuando le contaron la rabieta de Valentino. Había conseguido los servicios de Fred Niblo, uno de los mejores directores de Hollywood. Otros actores se habrían sentido muy honrados por trabajar a las órdenes de Niblo; pero Valentino seguía gruñendo como un cerdo.

Acababa Natacha de calmar a Rudy, cuando se enteró de que Bebé Daniels no interpretaría el papel de la vampiresa Doña Sol, como habían anunciado los Estudios.

—¡Nita Naldi! —le gritó a Jasse Lasky—. ¿Quién es? ¡Nadie! ¡Y además, esta demasiado gorda!

Lasky estuvo a punto de fallecer en aquella discusión con la enfurecida pareja.

—Oigan —ofreció—: Valentino verá su nombre delante de todos, incluso del título, y cobrará mil dólares por semana. ¿No sirve esto para calmar un poco sus quejas?

—Pero esa Naldi —objetó aún Natacha—, tiene unos pechos como una vaca.

Pese a un principio tan accidentado, Fred Niblo consiguió que Valentino realizase una de sus interpretaciones más sensibles como el galante torero Juan Gallardo; Natacha y Nita Neldi se hicieron buenas amigas, y la película fue un clamoroso éxito de taquilla.

Nita Naldi («Nitzie» para sus amistades), vivió en sus últimos tiempos en Hollywood y jamás se cansaba de recordar sus viejos tiempos de Hollywood y su amistad con Natacha Rambova y Rodolfo Valentino. Aparte de *Sangre y arena*,Nita Naldi fue coprotagonista en otras dos películas con Valentino: *A sainted Devil* y *Cobra. (Un diablo santificado* y *Cobra.)*

Orgullosa hasta el fin de su busto, «Nitzie» siempre invitaba a los reporteros a palpar sus pechos para que pudieran atestiguar en sus artículos que todavía continuaban enhiestos como antaño.

—Natacha ya había empezado a dirigir la vida de Valentino —recordaba Nitzie—. Era odiada por cuantos estaban en los platós..., desde los tramoyistas a los directores. En todo metía baza y para todo tenía que dar su opinión. Nos hicimos amigas, pero jamás me gustaron sus modales de jefe..., ni la forma como trataba a Valentino.

Usualmente, las películas del joven actor incluían unos planos en que se vestía o desnudaba, para que sus fans vislumbrasen parte de su espléndida anatomía. En *Sangre y arena,* la cámara se recreaba en ciertas partes anatómicas de Valentino, mientras se desnudaba detrás del biombo. Stan Laurel no tardó en satirizar aquella ficción de las mujeres por la epidermis del Gran Amador en su película *Mud and Sand (Fango y arena),* en la cual la cámara revelaba toda la monstruosa anatomía de Laurel tras un biombo.

Jean Acker, la primera esposa de Valentino, recibió la confirmación de su divorcio el 4 de marzo de 1922, mientras Rudy se hallaba en plena filmación de *Sangre y arena,* la obra de Blasco Ibañez.

Anticipando la fecha de la boda, que legalmente tendría lugar al cabo de un año, Valentino y Natacha habían adquirido una casa en Wedgwood Drive, en el sector de Whitley Heights, de Hollywood.

—Muy pronto empezaron las habladurías de que la pareja no iba a esperar a que el divorvio adquiriese carta de naturaleza —recordaba Nita Naldi—. Dijeron que conocían a muchas parejas que habían atravesado la frontera del Sur, casándose en Méjico. Nunca comprendí a qué venían tantas prisas. No era por los motivos acostumbrados, eso no.

«Nitzie» insistió en que los dos amantes pidieron la opinión de un abogado respecto a su decisión. Para aplacar a su amiga, Natacha y Rudy fueron al bufete de un abogado, quien le aconsejó severamente contra tal acción, pero después se marcharon en coche a Méjico, por Palm Springs, y se casaron allí el 13 de mayo, en el domicilio del alcalde. Era el típico gesto romántico que a Valentino le encantaba..., un guante arrojado al rostro de los convencionalismos. Douglas Gerrard y un tal doctor White actuaron de testigos, aunque ninguno de los dos pareció interesado en introducir un poco de razón en la irracional acción de Valentino. Parece seguro que ambos contrayentes no creían en serio que pudiesen eludir la acción de la justicia. No eran un don Nadie ni una desconocida que pasaban la frontera para casarse precipitadamente. Fueron reconocidos al instante, y el alcalde estaba ya al teléfono antes de que el automóvil se hubiera alejado unos metros de su casa.

Cuando regresaron a Whitley Heights, la policía aguardaba a los recién casados. Era la mañana del sábado. Valentino fue arrestado, acusado de bigamia y llevado a la cárcel. La fianza quedó fijada en diez mil dólares.

Gerrard hizo cuanto pudo para calmar a la histérica Natacha.

—Esto es cosa de alguien que nos odia —acusó la joven—. ¡Seguro que ha sido Jean Acker! ¡Ha debido avisar a la policía.

—Pudo ser cualquiera entre docenas de personas —replicó Gerrard—, o tal vez la policía ha obtenido la noticia por sus propios medios. Lo importante es sacar a Rudy de la cárcel. ¿A quién conoce que posea diez mil dólares en dinero sonante?

Gerrard llamó a varios teléfonos y sólo obtuvo negativas. Luego se acordó de su amigo Dan O'Brien, jefe de la policía de San Francisco, que estaba de visita en casa de su hijo actor, George O'Brien, en Los Angeles.

—Necesito tu consejo, Dan —le espetó por teléfono—. Han metido a Valentino en la cárcel, acusado de bigamia, y han fijado la fianza en diez mil dólares.

—¡Diez mil pavos! —jadeó O'Brien por el aparato—. Mala cosa..., muy mala, ¿Es culpable?

—Bueno... —titubeó Gerrard—, sí. Se casó con Natacha Rambova antes de que se formalizase el decreto de divorcio con Jean Acker.

—Mucha prisa, ¿eh? —sonrió O'Brien—. ¿Cuándo quedará formalizado el divorcio?

—En marzo.

—¡En marzo! —repitió O'Brien—. Diantre, falta casi un año. Pues sí que Valentino está en un buen lío. Sí, estará en la cárcel hasta que se pague la fianza. Bien, éste es el único consejo que puedo darte: paga la fianza.

Gerrard estaba a punto de colgar, cuando O'Brien añadió:

—Un momento. Tommy Meighan está aquí, en casa de George. Nos ha oído y quiere hablar contigo.

Gerrard le contó rápidamente al actor el apuro en que se hallaba Valentino, y Meighan resultó ser el Buen Samaritano del año en Hollywood.

—Los Bancos cierran a mediodía, Doug —terminó Meighan—. Nos encontraremos en mi Banco dentro de media hora. Yo pagaré la fianza de Rudy. Sé que él haría lo mismo por mí.

Ya fuera de la cárcel, Valentino siguió el consejo de su abogado y envió a Natacha a casa de sus padres, en la hacienda Poxlair, en los Adirondacks. Su única esperanza residía en convencer al juez de que el matrimonio todavía no se había consumado. Douglas Gerrard y el doctor White jurarían que no les habían perdido de vista ni un segundo durante el regreso de Hollywood. Como último recurso, esto era proferible, a pesar de la humillación que representaba para el joven, a ir a la cárcel otra vez. Valentino debería prestar declaración con referencia a la clase de contrato matrimonial que él y Natacha habían firmado.

El abogado de Valentino inició su defensa afirmando la inocencia del acusado sobre la base de la no consumación, pero a Rudy le ahorraron todo embarazo cuando el juez Summerfield afirmó que el casamiento mejicano no era válido bajo las leyes de Estados Unidos. Sin embargo, el juez advirtió con severidad contra cualquier plan de nuevo casamiento hasta que el divorcio entre Rudy y Jean Acker adquiriese carta de naturaleza. El hecho de que Natacha estuviese fuera de Hollywood ayudó indudablemente a convencer al juez de la intención del joven actor de obedecer todas las consignas del tribunal.

Los Estudios Players temieron que los chismes y rumores locales respecto «al Gran Amador que no había podido dormir con su mujer en su noche de bodas» se extendieran por toda la nación y malograsen el éxito potencial de *Sangre y arena.* Además, temían también que la sola insinuación de que el dios del amor había elegido ya a una compañera le robara parte de la atracción ofrecida a la fantasía de las mujeres, quienes alimentaban tal vez la esperanza de que algún día el Jeque sería sólo de una de ellas. Ninguno de esos temores se materializó al estrenarse *Sangre y arena.* La vida particular del ídolo femenino sólo había interesado ligeramente a la prensa.

Poco después del estreno de *Sangre y arena,* Mae Murray trabajaba para la Metro en un doble papel de la película *Fusbion Row.* Una noche, cojeando ligeramente (a causa de los zapatos de gran tacón que debía calzar para encarnar a la más alta de las dos hermanas mellizas de la película), penetró en el camerino y encontró a Valentino, que la estaba esperando.

—¿Qué es esto? —sonrió ella para ocultar su sorpresa—. ¿Un espionaje de la empresa Players?

Valentino no estaba para bromas. Mae comprendió que había llorado. El llevaba una vestimenta oriental, para su papel de *The Young Rajah (El joven rajá)*[1], consistente en un slip de brocado, con sartas de perlas cayéndole por el pecho, los brazos y las piernas. Se había puesto un abrigo sobre los hombros y había ido directamente a ver a su amiga. Era obvio que Rudy estaba pesaroso por algo.

—Mira esto —masculló el joven con voz rota por la emoción, entregándole a Mae Murray una edición temprana del *Examiner*.

Mae Murray examinó la primera página. El pie de una foto decía: «¡NO QUERIA ENTREGARME A MI HIJO!».

Una rápida ojeada al artículo permitía enterarse de la triste historia. Blanca de Saulles había matado a su libertino esposo, Jack.

Valentino le contó a Mae que había intentado llamar a Blanca, pero que ésta se había negado a hablar con él. El joven deseaba ofrecerle su ayuda, saber si podía hacer algo por ella. Deseaba declarar, si era posible, en favor de Blanca, y tratar de conseguir un veredicto de inocencia. Durante diez días, Valentino adujo ante Philip Rosen, el director de *El joven rajá*, que estaba enfermo y que debería rodar sin él. Rosen, aunque acostumbrado a trabajar con artistas tempera-

(1) Estrenada en España con el título de «El rajá de Dharmagar». (N. del e.)

mentales, probablemente habría sufrido una de sus rabietas de haber sabido que Valentino pasaba su «enfermedad» encendiendo cirios y rezando por Blanca deSaulles. Más adelante, el sensacional proceso conmovió a la nación entera. El juez que la absolvió, dijo:

—No hay que jugar nunca con el amor de madre. Es la más fuerte de todas las emociones.

Era precisamente la clase de romanticismo que apasionaba al mundo de aquella época.

Mientras tanto, rodando *El joven rajá,* Valentino empezó a mostrar otras emociones. No estaba satisfecho con la película.

—Es una porquería —afirmaba—. Un film inferior que intenta triunfar gracias a mis triunfos anteriores y a mi magnética personalidad.

Cada día, Valentino se presentaba en la oficina de Jesse Lasky con nuevas exigencias.

—En el Estudio hay una conspiración contra mí —insistía Valentino.

—¡Esto es ridículo! —clamaba Lasky.

—Bien, ¿dónde está mi nuevo camerino? —preguntó en cierta ocasión Valentino—. El que me prometieron antes de iniciar este rodaje.

—Ya he intentado explicarle que no pudimos terminar las obras de los nuevos Estudios, pero tan pronto como...

—¡Siempre las mismas excusas! —le interrumpió Valentino—. Usted busca excusas y me da sólo guiones miserables, aparte de ninguna facilidad.

—Poseemos el equipo más moderno de la cinematografía actual —replicó Lasky a la defensiva.

—¡Y los peores guiones! —le increpó Valentino—. A partir de ahora, insistiré en aprobar yo personalmente los argumentos que deba interpretar.

—Eso no es posible —gritó Lasky.

—¡Eso es arte! —chilló el joven—. Nadie como el protagonista sabe mejor en qué clase de argumento va a brillar más.

—Bien, quizás sea posible conseguir que se siente usted en la sala de conferencias —concedió Lasky.

—No es bastante —se obstinó Valentino—. Insisto en la plena aprobación del guión y en un buen aumento de sueldo.

Lasky se envaró en su sillón.

—¿Un aumento de sueldo? ¿Desde cuándo no está satisfecho?

—Ustedes me contrataron para largo tiempo antes de que yo fuese mundialmente famoso —replicó Valentino—, y ahora pretenden conservarme con el mismo salario. Yo soy el responsable de los grandes éxitos de sus películas. ¡Yo soy quien enriquece a esta empresa!

—¿Puedo hacerle ver, señor Valentino —pregunto Lasky, entornando los párpados—, que nuestros Estudios cuentan con muchas estrellas famosas? No sólo nos apoyamos en sus películas, señor Valentino. Usted es importante..., concedido. Y estamos orgullosos de tenerle en nuestra nómina. Pero no tiene derecho a insistir en sus exigencias temperamentales.

—¡De forma que ahora soy un temperamental! —gritó Valentino, rojo el rostro por la ira—. Siempre que una estrella insiste en recibir un trato más justo en esta galera de esclavos, queda marcado como temperamental.

Valentino salió del despacho del jefe como si le aguardase un caballo blanco, dejando a Jasse Lasky mirando ominosamente el techo.

—Intento que mi público siga tendiendo fe en mí —manifestó Valentino a los periodistas en una serie de entrevistas que encresparon los furores de los jefes de Players—. El público quiere verme sólo en películas de primera categoría. Por tanto, no deseo ser explotado en películas inferiores, en beneficio de los Estudios.

Como la empresa Players no le concedió a Valentino ni un aumento de salario ni el derecho a aprobar los guiones, Rudy consideró todo ello como un rompimiento de contrato. Y el 30 de agosto de 1922, anunció que buscaría trabajo en otra productora.

Si Valentino esperaba que Players cediese así a sus demandas, había subestimado la obstinada actitud de sus jefes. El 14 de setiembre, la productora Players obtuvo un decreto que prohibía a Valentino firmar ningún contrato con cualquier otra compañía productora. En el juicio resultante, el abogado de Valentino, Arthur Butler Graham, proclamó que la productora Players no había tratado bien al actor, que no le había proporcionado el nuevo camerino prometido, y que le había colocado en mala postura al negarle las debidas facilidades para la mejor dedicación a su arte. Los abogados de la compañía cinematográfica replicaron con un retrato a lo vivo del carácter temperamental de Valentino y sus histéricas exigencias. Valentino había sido otra vez mal aconsejado por Natacha y sus aduladores. El juez decidió rápidamente que la productora tenía razón al aducir que no había roto el contrato, y que Valentino debía abstenerse de ofrecer sus servicios a otra empresa hasta que finalizase el contrato vigente. El 8 de diciembre, la División de Apelaciones de Nueva York confirmó la sentencia contra Valentino: tenía que cumplir su contrato con la empresa Players o no aparecer públicamente hasta el 1 de febrero de 1924.

El principio legal en el que se basaba la sentencia era claro. En efecto, la Ley obliga prácticamente a un empleado a prestar sus servicios a un empresario durante el período de un contrato, aunque el empleado haya adquirido gran renombre y distinción en ese tiempo. En realidad, cuanto más famoso y solicitado resulte, el empleado, con más facilidad se le concederá el rompimiento del contrato. La Ley no puede inducir directamente al empleado a trabajar para su empresario, pero lo hace impidiendo al empleado que trabaje para otra persona o empresa.

Valentino tenía dos opciones: o seguir trabajando para la productora Players o disponerse a aguardar dos años. Si bien Natacha le animaba a desafiar a los Estudios, Valentino se enfrentaba con otras angustias de carácter financiero, pues su abogado le demandó por valor de cuarenta y ocho mil dólares por sus servicios y el dinero adelantado durante la batalla legal.

Valentino no estaba solo en sus males: 1922 fue el peor año de los «terribles veinte» para las estrellas de Hollywood.

La Ciudad del Oro de Estados Unidos se había convertido en algo sinónimo de escándalo y perversión, así como de excitación y sueños. Todavía se recordaba el escándalo promovido por el asesinato con violación cometido por el Gordo Arbuckle contra la principiante Virginia Rappe, cuando fue asesinado el primer director de la productora Players, William Desmond Taylor. Los periódicos sensacionalistas parecieron enloquecer de alegría cuando se averiguó que Taylor había mantenido relaciones sexuales, a la vez, con Mabel Normand (la estrella de Mack Sennett y a veces su amante) y con Mary Miles Minter, así como con la madre de ésta. La prensa también dedujo por su cuenta que el tórrido Taylor era la causa del reciente suicidio de Zelda Crosby, una guionista de la empresa Players. Cuando se supo que el difunto director tenía una habitación cerrada llena de ropa íntima y bragas femeninas, cada pieza etiquetada con iniciales y la fecha de la conquista como un recuerdo tangible de la unión sexual, los periódicos vertieron toda clase de detalles lúbricos, en un auténtico frenesí orgásmico.

Poco después de que la bacanal de Arbuckle hubiese levantado las iras de los seres honrados de la nación, un Comité de productores y distribuidores de Hollywood fue en busca del jefe de Correos, general Will H. Hays, para convertirle, según palabras de Joseph Schenck, en «un policía de tráfico» de la cinematografía. El Comité tenía conocimiento de que se había presentado en la Cámara de Representantes un decreto de Censura Federal, en el mes de octubre, y que a menos de que ellos actuasen rápidamente, el control federal de las películas sería pronto una realidad. El 8 de diciembre de 1921, Hays salió para Hollywood con el fin de convertirlo a su vez en «un ideal centro industrial». Según Hays, toda industria nueva tiene sus problemas, y éstos se solucionan mejor por los hombres que se hallan directamente conectados con la industria que por los extraños.

—El público americano, naturalmente, es el verdadero censor del cine —informó a la reciente Asociación de Productores y Distribuidores Cinematográficos—. La gente de este país está en contra de cualquier censura, como base fundamental..., aunque ciertamente, amigos míos, este país también está en contra de las injusticias, y la petición de la censura desaparecerá cuando se elimine el motivo de tal exigencia. Existe un sitio, y sólo uno, donde puede ser eliminado el mal del cine... y es el lugar en que se ruedan las películas, hechas por los hombres que las producen.

El 14 de enero de 1922, el presidente Harding hizo una declaración a la prensa:

«Se trata de una oportunidad relativa a un servicio público para que él, Hays, la rechace. Lamentaría mucho que tuviese que retirarse del Gabinete donde tanta buena labor ha llevado a cabo, mas todos estamos de acuerdo en que hay que considerar la situación desde un punto de vista amplio y buscar el bienestar público.»

Hays tenía menos de un mes para borrar el recuerdo de la orgía de Arbuckle y empezar a poner la casa en orden, cuando estalló el escándalo Taylor-Normand-Minter. La gente dorada de Hollywood, según se empezaba a descubrir, poseía pies de barro, y todos los productores se quedaron asombrados... y amedrentados.

12

En medio de sus batallas legales y en las profundidades de sus desesperanzas, Valentino conoció a Sid George Ullman, gerente de ventas de la compañía Mineralava, que fabricaba artículos de tocador. Ullman, que más tarde fue asistente personal de Valentino, había planeado, para aumentar las ventas de su compañía, presentar a la pareja Valentino (Rudy y Natacha) en un gira por todo el país, en calidad de bailarines, como propaganda de los productos de su empresa. Valentino observó que todavía no estaba casado legalmente con Natacha, y que tenía un contrato con la productora Players que le impedía trabajar para otros por algún tiempo.

Ullman no había conseguido ser presentado a Valentino para dejarse apabullar por tan poco.

—En el contrato con Players no hay nada —le espetó al actor—, que le prohiba aparecer en público como bailarín.

Luego añadió:

—Legalmente, nadie puede impedir que usted realice esta gira.

Valentino quedó bien impresionado por la astucia del gerente de ventas. Y, claro está, le halagó la insistencia de Ullman: las mujeres acudirían en masa a contemplar a su «jeque». Aunque Rudy ya había empezado a cansarse de todo lo referente al desierto y a su papel de amante salvaje, la vista de unas mujeres fanáticas medio desmayadas resultaría muy alentadora después de tantas batallas perdidas en el Palacio de Justicia.

Aparentemente, Ullman también quedó bien impresionado por Valentino, ya que en su biografía del Gran Amador, *Valentino, tal como le conocí,* recuerda sus primeras entrevistas con el joven actor con frases rimbombantes:

«Naturalmente, yo estaba familiarizado con sus fotografías, y le consideraba como un chico guapo. No tenía la menor idea de su gran magnetismo ni de la excelente cualidad de su masculinidad. Decir que me vía envuelto por su personalidad al estrecharle por primera vez su nerviosa mano y al mirarle a sus inescrutables ojos, sería muy poco. Me sentía literalmente atraído, embrujado por él, cosa poco corriente entre dos hombres. De haberse tratado de una hermosa mujer y de un soltero, no habría constituido ninguna sorpresa. Yo no soy un hombre emocional. En efecto, me consideran más bien como un tipo frío y reservado; pero en aquel caso, al conocer a un hombre verdadero, me sentí atraído por la personalidad más poderosa que haya hallado jamás en hombre o mujer.»

El 19 de enero de 1923, Valentino consiguió que le

modificasen el contrato, lo cual le permitía pasar al campo de las variedades y poder ejecutar la proposición de la compañía Mineralava. El 14 de marzo, diez días después de quedar formalizado el divorcio con Jean Acker, Valentino y Natacha se casaron oficialmente en Crown Point, Indiana, haciendo de testigos George Ullman y la tía de Natacha, la señora Theresa Werner.

Enseguida dio comienzo la gira de diecisiete semanas.

Natacha, al principio, no aprobó el proyecto de la gira.

—Considero sumamente vergonzoso para una estrella de tu categoría ir desfilando por las ciudades como en un circo —le espetó a Valentino—. Además, ¿por qué meter a tu esposa en esta exhibición?

—Natacha —arguyó el joven actor—, tú te has adiestrado intensamente en el baile. ¿No consideras esto una oportunidad de compartir conmigo las experiencias de las representaciones?

—Mi querido muchacho —rezongó aún la joven—, resulta tan innecesario...

Valentino convirtió sus labios en una sola línea recta.

—Natacha, no quiero vivir gracias al dinero de mi mujer. Hace años lo proclamé como algo indispensable para mí. Algunos periodistas ya me han motejado de *gigolo.* Y no obstante, nunca lo fuí. Cobré para bailar con señoras , para conversar con ellas. Pero ninguna mujer me compró, ni jamás lo hará. Imagínate la diversión de la prensa si pudiera publicar que Rodolfo Valentino vive a costa de su esposa.

Natacha calló. Por una vez, casi única en su matrimonio, pareció prestar atención a las palabras de su marido. Parecía increíble.

—Debo más de cincuenta mil dólares —continuó Valentino— y la compañía Mineralava nos pagará siete mil por semana, la suma más elevada que haya cobrado nunca una pareja de baile. Natacha, es preciso que efectúe esta gira. Piensa en lo perjudicial que sería para mí tener que estar mano sobre mano hasta la terminación de mi contrato con la Players. He de actuar. ¡No puedo permitir que mi público me olvide!

Según Nita Naldi, aquella fue la única discusión con Natacha en la que Rudy salió vencedor.

—A Natacha le importaba mucho el dinero —añadió «Nitzie»—. Era el único argumento que entendía.

La gira obtuvo un éxito sensacional. Aunque Ullman, según escribió más adelante, «se había sentido conmovido por la personalidad más poderosa vista nunca en hombre o mujer», todavía no tenía una clara noción del influjo que Valentino ejercía sobre las mujeres.

La primera actuación tuvo lugar en Omaha, Nebraska. Cuando llegaron soplaba una tremenda ventisca. Mientras la pareja Valentino ensayaba en su *suite* para recién casados del hotel (durante toda la gira pidieron esta clase de habitaciones para mantener la imagen de grandes enamorados), Ullman pasó mucho tiempo paseándose por su aposento, imaginando qué podría comunicar a sus jefes. No necesitaba desesperarse. A pesar de la tempestad, centenares de personas se quedaron sin entrada. En Wichita, Kansas, cuando llegó Valentino, las escuelas cerraron para que los niños y las niñas pudieran alienarse en las aceras y vitorear al Rey de Hollywood.

El programa de las actuaciones era invariable. La pareja bailaba algunos valses, luego Rudy anunciaba los productos Mineralva, atribuyendo la maravillosa tez de su esposa a la bondad de los mismos, cosa que normalmente hacía tartamudeando y de manera ininteligible. Después, ejecutaban una selección de danzas rusas y orientales, incluyendo una con coreografía de la propia Natacha. Tras otro pequeño descanso, Valentino llevaba a cabo un concurso entre las bellezas locales con la promesa de un contrato cinematográfico para la muchacha elegida. Al principio, el propio Valentino hacía la elección de la belleza local, pero hubo rumores y protestas a causa de la predilección que el actor italiano mostraba por jóvenes de cierto tipo. Para eliminar los abucheos del público, Ullman sugirió que la duración de los aplausos decidiera las competiciones y coronase a la «Reina Mineralava». La culminación de cada representación era siempre el tango argentino, tal como Valentino lo había bailado en *Los cuatro jinetes.* Para aumentar la carga emocional del público mientras asistía a la danza, se anunciaba que Rudy y Natacha lucían los mismo trajes que en dicha película.

Aunque Valentino no rodó ningún film mientras estuvo sujeto al contrato con la productora Players, las películas protagonizadas por él seguían siendo grandes éxitos taquilleros. Y fue precisamente durante aquella forzada abstinencia de

Valentino como cineasta cuando se resucitaron muchos films antiguos, en los que el joven actor había interpretado sólo pequeños papeles, si bien ahora se le anunciaba como si fuese la verdadera estrella de los mismos.

Un día, durante la gira, Ullman le mostró a Valentino el resultado de una encuesta celebrada entre los amantes del cine, en la que se enumeraba a los diez actores y actrices favoritos del público. En el sitio de honor figuraba Rodolfo Valentino, seguido por Wallace Reid, Douglas Fairbanks, Constance Talmadge, Harold Lloyd, Mary Pickford, Norma Talmadge, Tom Mix y Charlie Chaplin. Ullman comentó que era maravilloso que, a pesar de su momentáneo retiro, el público no hubiese olvidado a Valentino.

—Saben que luché por ellos —replicó el joven—. El público ha comprendido que esa productora trataba de estafarle con películas inferiores. Yo peleé en favor del público y éste me lo agradece.

Ullman no tardó mucho en darse cuenta de la obsesión que la pareja tenía por los espíritus y su completa fe en el guía Meselope.

—Jamás hacían nada sin consultarle —escribió Ullman posteriormente—. Nunca se sorprendían ante lo inesperado.

Ullman sí se sorprendió, no obstante, cuando Rudy le abordó en San Antonio, Texas, y le pidió que se convirtiera en su agente personal. Valentino debía más de cincuenta mil dólares y aquel contrato de marras le impedía trabajar en el cine hasta su terminación. Poco después de haber empezado la pareja los ensayos con vistas a la gira, Joseph M. Schenck intentó contratar a Valentino como pareja de Norma Talmadge para su proyectada película de *Romeo y Julieta.* La Players exigió un millón de dólares por el «fichaje» de Valentino antes de la expiración del famoso contrato. Parecía como si se corriese el riesgo de un «beso de muerte» si uno se asociaba a Valentino sobre una base de gracia. Ullman rechazó la petición de Valentino, a pesar del *magnetismo* y la *poderosa personalidad* del actor.

Valentino se limitó a sonreir y murmuró algo parecido a:

—Ya hablaremos de esto más adelante.

Ullman empezó a pensar que se había asignado el papel de carabina de la pareja Valentino por diecisiete semanas. Sabía que los dos pasaban los ratos libres consultando con la *planchette,* pidiéndole consejo al viejo egipcio, y pensó que resultaba muy extraño que ambos acudieran a *séances* en cada ciudad en la que actuaban, donde un medium les ponía en comunicación con el otro mundo.

Según los recuerdos de individuos que conocieron bien a la pareja Valentino por aquellos días, Natacha estaba convencida de que su marido se convertiría en un gran medium. Naturalmente, Valentino confesaba que se sentía un poco psíquico. Su esposa se mostraba muy excitada ante la perspectiva de que Rudy pudiera desarrollar sus latentes dotes extrasensoriales y había tomado sobre sí la responsabilidad de orientarle con el mayor placer por el mundo del ocultismo.

Durante la gira Mineralava, Valentino conoció a Kitab,

un medium que gozaba de cierta reputación y tenía varios seguidores. Natacha se negó siempre a discutir el incidente ocurrido con Kitab, pero «Nitzie» consiguió un día «sacarle» la historia del caso a Valentino.

Éste asistió solo a una sesión. Le habían recomendado a Kitab como un gran productor de verdaderas materializaciones y auténticas comunicaciones con «el otro lado», pero Natacha no estaba interesada por esta clase de mediumnismo. Kitab dirigía sus sesiones en un elegante salón de una casa de una ciudad del Oeste Medio, y a juzgar por la decoración del espacioso hogar, el actuar de intermediario entre las dos esferas de existencia le producía pingües beneficios.

Valentino fue introducido en un salón con cortinajes negros y una gruesa alfombra del mismo color, por una atractiva negra que lucía un *sari* de seda. La estancia parecía destinada a ahogar todo rumor y toda visión del mundo físico. Kitab, con turbante y una túnica vaporosa, estaba sentado en la postura clásica de la meditación, en actitud preparatoria ante la sesión que se avecinaba. Valentino fue invitado a situarse junto a otros asistentes, que estaban sentados en sillas de madera, dispuestas conforme al estilo tradicional de las sesiones espiritistas. Valentino oyó una ahogada exclamación de labios de una mujer de mediana edad, y comprendió que le había reconocido. Se giraron otras cabeza al entrar él, pero nadie rompió el silencio impuesto por voluntad de Kitab. Cuando por fin el medium se unió al círculo, un ligero ensanchamiento de los ojos del espiritista le dio a entender a

Valentino que aquél también le había reconocido.

—Unid las manos —ordenó Kitab con voz pacífica y sepulcral a la vez, como el sol incidiendo sobre una tumba.

Luego se situó entre Valentino y un individuo muy delgado. El medium posó una mano cálida y húmeda encima de una de las de Valentino, y le sonrió. Valentino le devolvió el cumplido, sintiéndose atraído hacia aquel hombre de tez oscura y ojos penetrantes.

Entonces, rebajaron las luces hasta un penumbra crepuscular.

—Sé —empezó Kitab con voz suave y tranquilizante— que muchos de vosotros habéis venido hoy aquí abrumados por pesares y dolores, deseando comunicaros con los seres queridos que han atravesado ya el velo. Si la atmósfera de fe es apropiada, todos recibiréis el bálsamo cicatrizador para vuestras turbadas almas.

El medium pareció caer en un liviano trance, canturreando algo que a Valentino le pareció árabe. Después, Kitab empezó a sudar copiosamente, a medida que el canturreo aumentaba de ritmo. Cerró los ojos tan fuertemente que pareció querer meterlos dentro del cráneo.

Al cabo de unos segundos empezó a jadear.

—Amados —murmuró—, los espíritus dicen que tienen dificultades para presentarse en este círculo. Por lo visto algunos de vosotros se hallan demasiado inmersos en pensamientos materiales. Muchos de vosotros están más preocupados por lo temporal que por lo eterno.

Una mujer se echó a llorar.

—No hay por qué verter lágrimas —le reprochó Kitab—. Existen muchos modos de propiciar a los espíritus. Flor de Loto —llamó a la negra que estaba cerca de la puerta—, apaga las luces.

Hubo una leve pausa.

—Ahora —continuó Kitab, cuando la joven negra hubo girado el interruptor—, quitáos por favor todas las prendas de vestir, los relojes, los anillos y todas las pertenencias personales y colocadlo todo debajo de cada silla. Debéis quedaros tan desprovistos de cosas materiales como lo estuvísteis en el seno materno. Vamos, vamos —les animó al observar cierta vacilación—. Estamos totalmente a oscuras, de modo que no hay por qué sentir vergüenza. Tampoco es de temer que pensamientos lujuriosos se interfieran en nuestra comunicación espiritual. Lo que un hombre no ve no puede desearlo.

Lentamente, los presentes se pusieron en pie, con sus extremidades chocando unas contra otras en la oscuridad. Se oyó entonces el rumor de vestiduras y la caída de zapatos. Unos momentos más tarde, todos volvían a estar sentados de nuevo.

Una vez más, el canturreo del medium fue el único sonido audible en la habitación. Valentino sintióse como preso de aquel canto a medida que la mano del medium se abría y cerraba espasmódicamente sobre la suya. De repente, Valentino sintió que la mano de Kitab se ponía fría, como si su temperatura hubiera descendido varios grados.

—Ah —suspiró Kitab—, aquí están.

Un escalofrío estremeció el cuerpo desnudo de Rudy. ¿Podría al fin entrar en contacto con sus padres, su hermana, Bice? ¿Se le darían a conocer?

—¡No! —exclamó de pronto Kitab, con una especie de sollozo angustiado—. ¡Se marchan!

—¡No te vayas, papá! —chilló histéricamente una mujer—. ¡Yo te quiero!

Se oyó un movimiento de pies, un breve rayo de luz en la oscuridad, y Valentino comprendió que la mujer que había gritado había sido sacada del salón por la negra.

—Por lo visto —reanudó Kitab cuando se hubo restablecido el silencio—, entre nosotros hay algunos que albergan potentes vibraciones materialísticas, y los espíritus no logran atravesar esta barrera. Examináos. Si alguien alberga tales ideas, que deje por favor que los demás alcancen su deseo.

Valentino se mordió el labio inferior. Estaba tan atosigado por problemas monetarios que tal vez era él quien impedía el contacto. Se levantó, pero sintió la mano de Kitab en su muslo, impidiéndoselo.

—Señor Morgan —acusó la voz del medium—, ¿todavía sigue preocupado por aquel negocio? Señora Hanson, ¿continúa peleada con su vecino?

Valentino apenas si sentía ya el canturreo de Kitab y la puerta que se abría y cerraba rápidamente a breves intervalos. Un fonógrafo empezó a desparramar una música extraña, etérea, que parecía resonar dentro de su cráneo. Sentía asimismo que la mano que se apoyaba en su muslo empezaba a acariciarle de forma placentera. El joven actor tuvo de pronto la sensación de estar flotando en el aire. Sacudió la cabeza. Eran la música, el ambiente, la oscuridad, el perfume que aromaba pesadamente la habitación, las rítmicas contracciones de la mano al pasearse por todo su cuerpo. Su corazón empezó a latirle en el pecho con espasmos exquisitos de dolor y placer al unísono. Cada vez flotaba más alto. No tardaría seguramente en tocar el techo.

De repente, la luz hirió sus pupilas y apretó las párpados para evitarla. A lo lejos, oyó una risita femenina y una maldición masculina. Al abrir los ojos vio a la negra, que se reía delante de él y Kitab.

Unas diez semanas después de la propuesta formulada por Valentino a Ullman, éste le comunicó que había cambiado de idea y que estaba dispuesto a ser su agente artístico.

—Meselope —sonrió Valentino— jamás se equivoca. Ya hace tiempo que nos anunció este viaje, añadiendo que en el mismo encontraríamos a un nuevo agente y que además cambiaríamos de abogado.

Fue J. D. Williams y no Meselope quien hizo que Ullman reconsiderase la oferta de Valentino. El productor independiente ya había abordado al actor, dándole a entender claramente sus deseos de obtener el nombre de Rudy en un contrato. El hecho de que otros Estudios (los nuevos Ritz-

Carlton) accederían a su pretensión de escoger sus propias películas, reforzó la idea de Valentino de haber elegido el mejor camino al desafiar a la productora Players. Estaba convencido de que la Ritz-Carlton se había formado exclusivamente para él, con el propósito de permitirle seleccionar las películas que satisfarían a los críticos, a sí mismo y, sobre todo, a Natacha. Con el futuro ordenado de acuerdo con sus deseos, Valentino accedió a cumplir el resto del su contrato con la Players.

El 18 de julio, J. D. Williams presentó a Valentino como la principal estrella de la Ritz-Carlton Pictures, añadiendo que el asunto cobraría efectividad cuando expirase el contrato del actor con la Players.

Esta productora no tardó en entablar negociaciones con Valentino y su nuevo agente. De nuevo repitieron su oferta de liberar en el acto a Valentino por un millón de dólares. Ullman sugirió que los Estudios empezasen a buscar los instrumentos apropiados a través de los cuales Valentino pudiera concertar los términos de su contrato. Williams no estaba en situación de abonar el millón de dólares, puesto que aún tenía que reunir el capital para la Ritz-Carlton, y no deseaba quedar entrampado antes de rodar la primera película. El 8 de diciembre, se llegó a un acuerdo entre Rudy y la Players. Este rodaría dos películas para dicha productora al año siguiente. Dos argumentos de carácter oriental, ambos dirigidos por Sydney Olcott.

J. D. Williams no tardó mucho en enterarse, e hizo la

siguiente declaración a la prensa:

—El acontecimiento más importante para los exhibidores cinematográficos de Estados Unidos y Canadá, en especial, y para el mundo entero, en general, es el acuerdo definitivo encaminado a allanar todas las dificultades y diferencias que mantenían apartado de la pantalla a Rodolfo Valentino. Ningún suceso del año 1923 tendrá mayor importancia, porque el poder de atracción de esta gran estrella será ejercido en beneficio de las taquillas que hoy día necesitan aumentar sus ingresos.

Valentino estaba seguro de que había logrado una victoria completa sobre los Estudios Players. Su sueldo sería ahora de siete mil quinientos dólares semanales y tendría una autoridad total en la elección de los dos guiones. Las películas se rodarían en los Estudios Astoria de Long Island, propiedad de la Players, y se emplearían las mejores técnicas cinematográficas en la producción de las mismas.

El rodaje de la primera de ambas cintas, *Monsieur Beaucaire,* no empezaría hasta el otoño siguiente, por lo que el matrimonio Valentino decidió celebrar aquel triunfo efectuando el viaje de luna de miel, postergado, al castillo de Juan-les-Pins, Francia, en el Mediterráneo, donde residían los padres de Natacha.

13

La correspondencia de Valentino con sus amistades, hallándose él y Natacha en Europa, parece indicar que consideraba el tiempo que pasaron visitando diversas capitales del Viejo Continente como una estancia en el Paraíso. Envió a varios amigos una fotografía en la que se subrayaba la semejanza de Valentino, con barba, con una cabra montés.

—Yo soy el que no tiene cuernos —aclaró alegremente al dorso del retrato.

Si las exclamaciones de júbilo eran sinceras, Rudy pasó entonces por su último período grato en la Tierra.

En noviembre regresaron a Nueva York, y la pareja se alojó en una costosa *suite* del hotel Ritz-Carlton, donde Natacha empezó a explicarle a su marido la forma de abordar el personaje de *Monsieur Beaucaire.*

La película era una adaptación de la popular novela sobre los tribunales franceses, de Booth Tarkington, y Valentino protagonizaría el film junto a Bebé Daniels. Por desgracia, Natacha no se contentaba con controlar simplemente la carrera de su esposo. Apenas empezó la producción, cuando Natacha ya había metido las narices en todos los asuntos relativos a la misma y a cuantos en ella intervenían. Insistió, por ejemplo, en ser la maquilladora de Valentino y en diseñar sus trajes. Los *cameramen* temían las conferencias de la joven, cuando según ella no captaban los planos de Valentino del modo más favorecedor. Todos los días, terminado el rodaje, Natacha efectuaba su crítica sobre las actuaciones llevadas a cabo y zahería a todo el mundo, desde Bebé Daniels al último extra que no hubiese ejecutado bien el papel a su juicio. Valentino, claro, siempre se inclinaba ante sus ataques, manteniendo una actitud de servidumbre respetuosa con aquellas opiniones.

Durante toda la producción, Natacha acusó constantemente al director Sydney Olcott de demorar el ritmo deliberadamente para colocar a Valentino en mal lugar.

Un día, Natacha se peleó claramente con Olcott, entre dos tomas, de forma especialmente virulenta.

—Más de prisa, Olcott —le urgía Natacha—, más de prisa. ¿Acaso desea que Valentino quede mal?

—Nunca haría, señora —replicó el director, mirando a la joven con una mirada penetrante—, lo que al parecer es su propia labor.

Monsieur Beaucaire (1) se terminó en la fecha señalada y

(1) Estrenada en España con el mismo título. (N. del e.)

obtuvo un clamoroso triunfo de taquilla, con favorables críticas en la prensa mundial. Quizás tuvo razón Natacha al afirmar que la película resultaba un poco lenta, pero *Monsieur Beaucaire* es una de las mejores películas de Rodolfo Valentino y ciertamente la más exquisita de cuantas interpretó.

La Players inició inmediatamente el rodaje de *A Sainted Devil*[1] (Un diablo santificado), un relato de aventuras sudamericano, adaptado de la novela de Rex Beach *El extremo de la cuerda.* Joseph Henaberry fue quien cargó con las diatribas de Natacha en lugar de Olcott.

—Yo no trabajo a gusto cuando un actor acepta antes las directrices de su esposa que las mías —se disculpó Olcott, al renunciar a dirigir la nueva película.

Natacha no lloró la pérdida de aquel director. Y no tardó en dar a conocer su opinión de que Jetta Goudal no era la pareja adecuada para figurar con Valentino en la cabecera del reparto. A Rudy le había sucedido algo muy raro. Por primera vez desde su llegada a Hollywood empezaba a comportarse como un conquistador empedernido, y Natacha estaba celosa.

—Era como si él desease ser el centro de todos los comentarios —observó más adelante Nita Naldi—. Lo cierto es que había empezado a recibir muchos anónimos acusándole de afeminamiento y algo peor, tras haber aparecido en la pan-

(1) Estrenada en España con el título «El diablo santificado». (N. del e.)

talla con las ropas de *Monsieur Beaucaire,* tan adornadas con encajes. Natacha me contó que incluso hubo llamadas telefónicas de carácter obsceno, hasta que ordenaron a las telefonistas de la centralita del hotel que antes de pasar la comunicación insistieran en pedir la identidad de quienes llamaban. Era como si Rudy deseara demostrar a los demás y a sí mismo que era un verdadero hombre al flirtear con su pareja del reparto.

Natacha no tuvo paciencia para soportar que Valentino interpretase fuera de la cámara el papel de Lotario.

¿Qué harás (le preguntó un día delante de varios extras), si ella decide que le demuestres tus dotes de Gran Amador?

Valentino acababa de encender un cigarrillo. Aspiró el humo profundamente, quitó el pitillo de la larga boquilla, lo aplastó con el tacón del zapato y salió del plató con expresión hosca. *¿Qué harás?* Natacha le creía incapaz de ninguna actividad con cualquier mujer. Bueno, Valentino no tardaría en demostrarle cuán equivocada estaba.

No era muy difícil obtener el número telefónico de Adela, que era muy popular entre los ayudantes de dirección y los administrativos de los Estudios. En efecto, era una prostituta muy guapa, que estaba orgullosa de sus tareas.

Sin embargo, con Rodolfo Valentino desnudo a su lado, sólo podía pensar en todos los demás hombres que habían estado con ella.

—¡Tú —suspiró la joven—, Rodolfo Valentino! Nunca soñé que vinieras a verme. Bueno, quiero decir con tantas mujeres como debes tener. Aparte de la tuya, claro. Ah, no aceptaré ninguna otra cita en toda la semana para poder soñar con este momento.

Movió su cuerpo junto al del joven y él la rodeó con los brazos, sintiendo la suavidad de su espalda. La sangre se aceleró en sus venas. Adela la haría sentirse todo un hombre. Ella presionó sus labios con los de Rudy... pero éste no completó el beso. Se acordó de las proezas que había oído relatar acerca de Adela, y de pronto experimentó repulsión.

La muchacha observó la falta de respuesta.

—¿Te ocurre algo? —se interesó al momento.

¿Habría, sin querer, ofendido al Jeque?

—Nada —repuso él.

La cogió en sus brazos, y la total mansedumbre de Adela levantó en él una oleada de pasión.

—No seas tan gentil —suspiró ella, con la imaginación llena de visiones de caballos blancos y tiendas del desierto.

Valentino entreabrió los labios y su lengua exploró la boca de su compañera. La mano de ésta descendió para acariciarle íntimamente.

—¿Nada? —repitió ella, frunciendo el ceño y mirando fijamente a Valentino.

—No corramos —pidió éste—. Deseo saborear toda la magnificencia de tu cuerpo.

Adela se hallaba tan impresionada por la presencia del

Gran Amador en su dormitorio que las débiles tácticas dilatorias de aquél la hicieron sentir un verdadero éxtasis. Pero ¡maldición! ¿Dónde estaba la virilidad? Valentino se incorporó sobre un codo y posó una mano en uno de los turgentes senos de la prostituta. Ah, ¿por qué no aprovechaba aquel momento? A Valentino le temblaba el cuerpo entero a la vista de aquella mujer. Deseaba con desesperación usar y abusar de su suavidad, de su desnudez. Adela restregó su pecho contra el de Valentino. Y sus dedos volvieron a trazar levemente una línea sobre su estómago y mucho más abajo.

—¿Qué te pasa? —insistió—. ¿No quieres hacer el amor conmigo?

Valentino sintió afluir la sangre a sus mejillas. Debía seguir al mando de la situación.

—Claro que sí, Adela —se esforzó en contestar.

—Es porque soy una puta, ¿verdad?

—Todas las mujeres son adorables —replicó Valentino, esperando que esta frase sentimental gustase a la joven.

—Tal vez quieres que te haga cosas que te preparen un poco antes, ¿eh?

—No —rechazó él, paseando sus manos por las opulentas caderas de Adela.

—Seguro que es porque ya has estado con demasiadas chicas —sonrió Adela.

Valentino también sonrió, contento de que ella hubiera hallado una explicación satisfactoria a su falta de respuesta masculina.

—Seguro —prosiguió la muchacha, guiñando el ojo con exageración—. Todas estas estrellas a tu alrededor durante el día, tu esposa y sabe Dios cuántas más... Bueno, no te apures. Deja que yo me encargue del asunto.

Valentino contempló el adorable cuerpo de la ramera cuando ella apartó las ropas de la cama y se inclinó hacia él. Los dedos masculinos no tardaron en recorrer aquel cuerpo apasionadamente, y comprendió que había llegado de nuevo el momento de recuperar su dominio y demostrarle que su fogosidad era tan grande como la de ella. Pero no se atrevió a hacerlo. Era preferible dejar que ella le guiase hasta el instante de la satisfacción total.

Luego, la baratura del cuadro le asaltó con plena conciencia. ¿Dónde estaba el amor? ¿Qué sentía en realidad hacia aquella mujer..., una perfecta desconocida? Aquel acto tan íntimo y tan personal quedaba manchado y mancillado por la falta de amor. Lentamente, sintió que toda su pasión se desvanecía. Y comprendió, con una puñalada interna de desesperación, que estaba fracasando de nuevo.

Interminables minutos más tarde, la joven se hundió finalmente en la cama y se tendió al lado de Valentino, con los ojos cerrados.

—Ha sido maravilloso, Rudy —mintió.

Valentino volvió la cabeza al otro lado. Sabía que ella le estaba engañando.

La visita de Valentino al apartamento de Adela no tardó en ser la comidilla de todo Hollywood. La joven se había convencido de que la falta de respuesta adecuada por parte de su amante transitorio se debía a su propia ineptitud, de modo que empezó a rumorear que su sesión amorosa con el Jeque la había conducido al éxtasis de la gloria. Tal vez con aquel asunto, Valentino consiguió mejorar su figura de masculinidad, aunque interiormente sentíase defraudado. Y lo único que había logrado era inducir a Natacha a la violencia.

—¡No puedes despedir a Jetta por una razón tan estúpida! —le gritó Valentino a su esposa en el plató, durante una acalorada discusión.

—No quiero que esté a tu alrededor —replicó ella—, de modo que debe largarse.

Valentino se encolerizó de tal manera que golpeó una cámara con su boquilla con tanta fuerza que la embocadura de ebonita se rompió.

Como de costumbre, su golpe teatral no ejerció el menor efecto en su esposa. Al día siguiente, S. George Ullman anunció que la señorita Goudal no tomaría parte en la película porque tardaba demasiado tiempo en escoger sus vestidos y se negaba a someterse a toda disciplina. Nita Naldi, añadió Ullman, substituiría a la Goudal, como pareja de Valentino.

—Me inspiró más compasión Valentino durante el rodaje de *Un diablo santificado* que en las ocasiones anteriores —recordaba Nitzie—. Se comportaba tontamente, como un estudiantillo queriendo demostrar su virilidad delante de las chicas. Nunca le había visto tan ridículo. Ya sabía que la prensa empezaba a meterse con él y que se rumoreaba casi a gritos que era afeminado. En cierta ocasión, Rudy oyó cómo un tramoyista se refería a él como «el Gran Maricón», y el joven actor le desafió a luchar allí mismo. Todo resultaba muy triste.

Natacha no le ofreció su apoyo a Valentino en la batalla de éste con ciertos elementos de la prensa, y menos aún en sus esfuerzos por afirmar su virilidad. La esposa del actor ignoró totalmente los chismes según los cuales el Gran Amador empezaba a pagar sus excesos de juventud, respondiendo a los mismos en risotadas despreciativas. De haber mostrado más afecto hacia Valentino en público y en los Estudios, los rumores de que el Gran Amador sólo sabía amar a las mujeres en la pantalla no habrían sido tan intensos.

«Para mí siempre resultó inexplicable —escribió Ullman en su biografía *Valentino como le conocí*— por qué Natacha Rambova apenas si estaba seducida por la personalidad de su marido... Natacha, indudablemente, era una mujer centrada en sí misma; en mi opinión, era incapaz de experimentar entusiasmo por nadie más que por ella. Al principio, sí pareció sentir afecto por su esposo, pero no tardó en parecer más interesada por las películas de aquél, por el afán de compartir su dorado trono, que en ser simplemente la esposa de Rudy.»

Natacha había empezado su jugada por el poder. Era obvio, incluso para el observador más casual, que su esposo le importaba muy poco. Rodolfo Valentino era el medio por el que ella podía conseguir sus propios fines de escribir, producir y dirigir sus películas. Y en los Estudios, desde el extra más vulgar hasta el administrativo más encopetado, todos estaban asombrados ante el hecho de que Valentino continuase apoyando a Natacha en todo lo que ella hacía. A Rudy parecía importarle muy poco que su esposa riñese a un personaje de poca monta o discutiera con un jefe de la productora, porque siempre se mostraba de acuerdo con ella y trataba de que se diese cumplimiento a sus exigencias.

—Natacha le trataba como a un objeto —recordó un amigo—. Rudy la ayudaba a sentarse, mantenía las puertas abiertas a su paso y se peleaba por su causa con los jefes de los Estudios, pero jamás se le oyó a ella darle ni siquiera las gracias.

Los rumores de la mansedumbre que el Jeque mostraba con su esposa sólo sirvieron para aumentar el desprecio que los varones de Norteamérica y casi del mundo entero experimentaban por aquel «mariquita» del cine mudo. Rudy no era tan ingenuo como para no comprender que Natacha se servía de él. El joven manifestaba su desencanto por la versión del amor espiritual expresado siempre por Natacha en numerosas ocasiones, ante amigos más o menos íntimos. Sin embargo, sigue en pie el gran enigma: ¿Por qué soportó él todo esto?

Poco después de haber terminado Valentino el rodaje de *Monsieur Beaucaire,* Maureen Englin, la conocida «Francesita» del Moulin Rouge, estaba camino de Nueva York, desde San Luis, tras finalizar su contrato de variedades.

—Cuando el mozo dejó mi equipaje en una litera baja del vagón del tren, se abrió la puerta del saloncito existente al extremo del mismo vagón... y allí estaba él: Rodolfo Valentino, con su elaborada vestimenta —recuerda la señorita Englin—. Esperé a ver si me reconocía.

—¡Sí, te conozco! —gritó, apuntándome con su larga boquilla—. ¡Tú eres la «Francesita» del Moulin Rouge!

«Nunca olvidaré aquellas horas que pasé con él —continúan los recuerdos de la Englin—. Fuimos a su compartimento privado y charlamos y reímos recordando los viejos tiempos en Broadway. Siempre recordaré lo excitado que estaba por un guión que llevaba consigo: un argumento en el que él interpretaría el papel de un jefe indio.

«Después de comer unos bocadillos de pollo y apurar una botella de vino que él tenía en su poder, empezó a hacerme el amor.

«¡Diablo! —exclamé—. Nunca lo hubiera dicho.

«¿Qué quieres decir? —frunció el ceño él.

«¡Que el Gran Amador de la pantalla me esté haciendo el amor.!»

«Rudy se echó a reir—. Pero te acuerdas de cuando yo era sólo botones del Giolitto.

«¿Qué pensaría Natacha de esto? —le pregunté.

«Temo que a Natacha le tendría sin cuidado, me contestó. Está mucho más interesada en mi carrera que en mi persona.»

Aunque Rudy era capaz de relajarse al lado de una antigua amistad, nunca logró escapar completamente al espectro de su matrimonio de conveniencia.

A Chaw Mank, con quien mantenía correspondencia desde la gira Mineralava, Valentino le escribió una carta de advertencia, que contenía una descripción apenas velada de su esposa.

«Hay que evitar a las mujeres que no saben ser tiernas. Pueden ser amables contigo a la hora del éxito o mientras pueden cuidarte, pero una vez desaparecida la emoción, sólo saben gruñir, pues les falta toda ternura. El fuego no se halla al abrigo de un hogar protector.»

Algunos amigos de Valentino creen que Natacha amenazó al joven con una especie de chantaje sexual, con el fin de impedirle que solicitara el divorcio. Afirman que Natacha le amenazó con descubrir la naturaleza de su matrimonio, destruyendo con ello la reputación de Valentino como Gran Amador. Más adelante, alegan, empleó la misma amenaza para librarse de él, cuando quiso cortar los lazos conyugales mediante un divorcio en París.

Tanto si le amenazó con un chantaje como si logró mantenerle pegado a ella mediante un increíble magnetismo animal, lo cierto es que Valentino continuó favoreciendo la inclinación de Natacha a jugar a «mandamás». Cuando se terminaron las obligaciones de Rudy con la Players y se disponía a presentarse a la Rits-Carlton, Natacha le manifestó a J. D. Williams que ella escribiría el argumento de la primera película que Rudy fuese a rodar para aquella empresa. Nadie como ella sabía valorar y utilizar el talento interpretativo de Valentino, alegó. La historia era *El poder escarlata* (*The Scarlet*

Power), que ella tituló más tarde *The Hooded Falcon* (*El halcón encapuchado*), y que escribió con el pseudónimo de Justice Layne. Le ordenó a su esposo que se pusiera en contacto con June Mathis y que usara su influencia con ella para convencerla de que hiciera el guión.

—Estoy segura de que esta historia que ocurre en España durante la reconquista sería fascinante, señora Valentino —admitió J. D. Williams una tarde en que Natacha le acorraló en su despacho, presentándole una hoja de gastos—. Pero sus cálculos de producción indican de ochocientos cincuenta mil a un millón de dólares. Y es mi deber advertirle que los accionistas de esta productora han acordado limitar el presupuesto de cada producción a un máximo de medio millón.

—Tonterías —replicó fríamente Natacha—. ¿Cómo esperan realizar algo digno de Valentino por esa cantidad?

—Tal vez usted no entienda las diversas ramificaciones de la producción cinematográfica —contestó Williams—. Creo que es mejor dejar estas cosas a los hombres.

Las palabras de Williams fueron como gotas de gasolina vertidas sobre una fogata. Natacha se puso como un basilisco, y tanto fue su furor volcánico que el despacho del jefe de los Estudios se recalentó con el fuego de su cólera y quedó lleno con las cenizas de su profanación. Regresó unos minutos más tarde con Rudy. Como un mono bien amaestrado, el joven interpretó una de sus famosas rabietas, formando con su esposa una enloquecedora sinfonía de discordias. Al fín, el jefe cedió, y con su aprobación y la súplica de que intentaran reducir gastos, el matrimonio Valentino zarpó para España para adquirir ropas y objetos auténticos.

Su expedición se pareció a la de los hunos, mandados por Atila a saquear los tesoros artísticos de Roma, y no a la selección efectuada por una pareja para el rodaje de un film. Natacha eligió chales por valor de diez mil dólares, gastó diez mil más en marfiles y veinte mil en vestidos musulmanes, joyas de la época y diversos objetos. La señora Valentino estuvo en su gloria como manipuladora de hombres importantes. La productora Ritz-Carlton pudo formarse esencialmente para forjar un capital en torno a la fama de Rodolfo Valentino, mas ella intentó capitalizarse sobre la fama de su marido y el dinero de los Estudios. Con el apoyo de Rudy, sería la directora, además de la autora de la película. Así, el mundo comprobaría qué era capaz de conseguir Rodolfo Valentino. Por primera vez, una mano firme y valiente llevaría las riendas y haría restallar el látigo.

Cuando los Valentino regresaron de Europa, Natacha decretó que darían una fiesta con una lista de invitados que englobaría a todas las más relucientes estrellas de Hollywood. Las amistades de Rudy, como Adela Rogers St. John, pensaron que Natacha sólo hacía aquello para que todo el mundo viese cómo conducía a Valentino con una cuerda atada a una argolla de su nariz. Es decir, como si la fiesta sirviese de anuncio formal de su dominio completo sobre el Gran Amador.

Los salones del hotel Ambassador estaban repletos de

orquídeas, y decorados de un modo que pregonaba el gusto de Natacha por todo lo oriental. Mary Pickford, Douglas Fairbanks, Charlie Chaplin, Bebé Daniels, los Tom Mix, que eran la nueva revelación; Coleen Moore, las hermanas Talmadge, Richard Berthelmess, Irving Thalberg, el galán genial de la Metro; John Barrymore, que ya había abandonado el teatro de Broadway por el espejuelo del cine; John Gilbert, Mae Murray, Dorothy Gish, Tom Meighan, Harold Lloyd, Gloria Swanson, Alma Rubens, Milton Sills, Barbara LaMarr, Marion Davies... Todo el que contaba algo en Hollywood estuvo presente.

Y aunque los vestidos que adornaban algunos de los cuerpos más seductores de Norteamérica habrían sido dignos de cualquier *première* en París, Natacha, con su turbante engastado en joyas, sus tintineantes brazaletes y su túnica oriental de seda, redujo el brillo de la galaxia de estrellas en su corte de honor cuando les hizo a todo el obsequio de presentarse en los salones. Detrás suyo, a una respetuosa distancia, arrastraba los pies el manso Valentino, sonriendo torpemente y tratando desesperadamente de aparecer amigable y natural. Parecía un pelele.

Aunque Natacha había domesticado a Valentino hacia sus gustos, la joven se vio de pronto obligada a sufrir un ataque de un enemigo inesperado. Jean Acker trabajaba en el circuito de B. F. Keith y se anunciaba en las carteleras como Señora de Rodolfo Valentino.

—¡Yo soy la única señora Valentino— le gritó Natacha a

su abogado, entregándole un programa de Keith—. Oiga esto: «Lewis y Gordon presentan a la romántica esposa del Jeque (Jean Acker), señora de Rodolfo Valentino, en una nueva comedia en un acto, original de Edgar Allen Woolf, titulada «Una chica regular».

—Fue su esposa —trató de apaciguarla el abogado—. Usted no puede luchar contra esto.

—De todos modos, curse la demanda —gruñó Natacha—. Al menos, le pondré todas las dificultades posibles.

A pesar de ello, Natacha no logró impedir que Jean Acker protagonizase una producción de la Amalgamated-SR, *La mujer encadenada* (*The Woman in Chains*), en la que la anunciaron como «esposa de Rodolfo Valentino». Se aprovechaba de tal circunstancia.

Al parecer, la única mosquita muerta que logró enfrentarse y dominar a Natacha Rambova fue precisamente la «pobrecita Jean Acker».

14

Valentino y su esposa regresaron a Nueva York dispuestos a iniciar el rodaje de *El halcón encapuchado.* Para Natacha, la película no sólo tendría el beneficio de su propio criterio sino que llevaría su indeleble marca de autor, y a Valentino le ofrecía, al fín, un papel plenamente aprobado por su difícil esposa. Pero se vieron sumamente desalentados cuando J. D. Williams les informó que había que aplazar temporalmente el rodaje para que los Estudios se trasladasen a Hollywood. Ningún Estudio del Este, explicó, poseía el espacio suficiente para el rodaje de un filmépico de tales proporciones. La pareja no discutió este extremo. Ciertamente, deseaban que la película fuese rodada de acuerdo con los sueños de Natacha. Aunque proclamó que Williams podía haber dicho todo esto mucho antes, incluso la joven se mostró satisfecha durante el desplazamiento a su hogar de Whitley Heigts.

Cuando llegaron allá, empero, las rabietas combinadas de Valentino y Natacha llenaron de azufre el despacho de Williams.

June Mathis aún no había terminado el guión, y Williams insistía en que Valentino empezara a rodar inmediatamente un guión ya listo. La productora Ritz-Carlton quería que el galán protagonizase una adaptación de *Cobra*, una comedia que interpretaban con gran éxito Judith Anderson y Louis Calhern en Broadway.

—Pero, ¿y mi guión? —preguntó Natacha.

—Lo filmaremos —aseguró Williams levantando una mano apaciguadora—, tan pronto como Rudy termine *Cobra* y June Mathis finalice su trabajo. Es imposible que la compañía aguarde la terminación de un guión. Los accionistas ya han esperado bastante mientras Rudy concluía su famoso contrato con la Players, empiezan a ponerse pesados y no puedo reprochárselo.

—¿Seguro que el *Halcón* será la próxima película? —insistió Natacha.

—Claro —suspiró resignadamente Williams.

Empezaba a comprender por qué los jefes de la Players sonrieron cuando Valentino firmó con la Ritz-Carlton.

—Ustedes no sólo ganan una gran estrella —le comentaron a la sazón—, sino también un director, un escritor, un cameraman, un crítico y una diseñadora de trajes.

—No me gusta la idea de rodar *Cobra* —objetó Valentino, sentado en el sillón de cuero del despacho del productor.

El sonido de su voz sobresaltó a aquél. Era muy raro que Valentino hablase en aquellas conferencias improvisadas.

Usualmente, Natacha servía de «portavoz», y Valentino sólo se animaba cuando pensaba que su mujer necesitaba su influencia para conseguir la victoria.

—La comedia ha obtenido un gran éxito en Broadway —razonó Williams.

—Pero el papel del protagonista masculino no es muy grande —volvió a objetar Rudy—. Es ella quien se lleva la parte del león.

—No te preocupes por esto —le tranquilizó Natacha con firmeza—. Reconstruiremos el guión y tú tendrás el mejor papel. «Nitzie» será tu pareja. Te gusta mucho trabajar con ella.

Williams frunció el ceño. No veía a Nita Naldi en *Cobra*. Cogió un cigarro. Bien, no podía hacer otra cosa que permanecer sentado y contemplar cómo trabajaba *Madame* Dictador. Muchas personas habían invertido su dinero en Rodolfo Valentino para que ahora el Gran Amador tuviera una de sus famosas rabietas y abandonase los Estudios.

—No me gusta el argumento —insistió Rudy.

Tenía los ojos muy abiertos, como hacía en la pantalla cuando un villano amenazaba a una angelical virtud.

—Lo harás —sentenció Natacha—. Y me aseguraré de que haya una escena en que tú puedas quitarte la camisa y enseñar tus músculos.

Williams ordenó la reestructuración del guión, de modo que el papel del galán adquiriese mayores proporciones, justificando de este modo la presencia de Valentino en la película de cara a los accionistas de la Ritz-Carlton. En realidad, Williams ya había intentado hacer lo propio desde que había adquirido los derechos de la obra. Sin embargo, no deseaba que una «ayudante de dirección» sugiriese enfáticamente los ángulos de la cámara, ni que se opusiera a las órdenes del director. En toda la producción no hubo el menor extremo que no fuese criticado o debatido.

—Fue una pena —comentó Williams ante un amigo— que el único sitio donde podía estar solo y tranquilo fuese el cuarto de baño. Y a veces aún temía que Natacha Valentino se asomase por allí y empezara a quejarse de algo mal hecho.

Valentino interpretó su papel como si se tratara de un desfile hacia la muerte. Lo único que le gustó de la película fue que contrataron a Jack Dempsey como consejero técnico para la secuencia del boxeo, y todos los días ensayaba con él. Un agente de prensa afirmó que Dempsey dijo que si Valentino algún día abandonaba el cine y decidía hacerse boxeador, todos los púgiles se echarían a temblar. A Rudy le gustó mucho este comentario y no ocultó su contento ante aquel pronóstico del gran Dempsey.

—¿Cómo se atreverá alguien ahora a calificarme de afeminado? —se ufanó ante sus amigos—. ¿Cuántos hombres de todo el mundo se atreverían a enfrentarse con Dempsey en el cuadrilátero?

Los empleados del Estudio no estaban tan impresionados por aquellas demostraciones de Rudy ante Dempsey. Era difícil respetar a un hombre que se ufanaba de su valor en el cuadrilátero y no era capaz de enfrentarse con su mujer en el dormitorio. Además, sabían que Dempsey jugaba con Valentino. Sus proezas pugilísticas no eran más que fantasías, como las sexuales que interpretaba a diario ante las cámaras. Si realmente Rudy tenía agallas, ¿por qué diablos no le hacía frente a su esposa, aunque sólo fuese una vez? Después, quizás todo el mundo se olvidase de los chismes que circulaban repecto a la virilidad del gran astro, y al menos le respetarían un poco.

Cuando se proyectó *Cobra*[1], por primera vez el público no se mostró entusiasmado. Casi todas las críticas habían elogiado *Un diablo santificado,* pero con *Cobra* todo el mundo asumió un aspecto gruñón.

Williams y S. George Ullman ya le habían ofrecido a Valentino este diagnóstico como análisis posterior a la producción.

—Incluso las mujeres más amantes de tu arte —le dijeron— saben que tu vida está regida por Natacha, y les gustaría pensar que eres tan Gran Amador en la pantalla como fuera de ella. La prensa ha aireado demasidas veces la forma como Natacha te manda y cómo tú aceptas todo cuanto ella dice sin rechistar.

Valentino se enfureció al oir estas palabras, y por primera vez, él y Ullman se pelearon.

—¡A tí y a Williams os complace censurar a Natacha por vuestros errores! De haber atendido mejor sus sugerencias, la

(1) En España se proyectó con el mismo título original. (N. del e.)

película habría obtenido un gran éxito.

—Sé razonable, Rudy —le suplicó Ullman.

—Éste es el mal —replicó Valentino—. Soy demasiado razonable y vosotros os aprovecháis de mí. Natacha y yo saldremos inmediatamente para Palm Springs. Y no quiero que se nos moleste a menos que surja algo de suma importancia. ¿Entendido?

En la pantalla, Rodolfo Valentino era el impetuoso amante con el que sueñan todas las mujeres, el hombre ataviado con las prendas insustanciales de la fantasía femenina. Asaltaba las imaginaciones femeninas como la respuesta perfecta a los anhelos que ninguna mujer podía definir ni pregonar. Valentino era el héroe de romance, el mejor y más apuesto desde Adán y Eva. Podían imaginárselo como Leandro, como Abelardo, como uno de los caballeros de la Tabla Redonda. Con una escueta túnica o con una reluciente armadura, con un casco emplumado o con una peluca empolvada..., todos los papeles románticos le sentaban a la perfección.

Con el fín de efectuar una transmigración de papeles de la pantalla a la vida real, los agentes de propaganda de los Estudios preparaban artículos, escritos ostensiblemente por el propio Valentino, detallando su existencia azarosa, o alabando las virtudes de una vida amante y correcta. Casi todos estos artículos tenían un estilo muy masculino, con gotas de humor ácido, y rezumaban una gran modestia.

Las fotografías de Valentino en distintas fases del desnudarse cumplían con dos objetivos: incitar a las mujeres e impresionar a los hombres con sus magníficos músculos. El propio actor dispuso una larga sesión de fotografía para los periódicos y las revistas de cine, mostrándose desde todos los perfiles y ángulos.

El pie de una foto *Underwood y Underwood* de Rudy con un pantaloncito negro, boxeando con «Society» Kid Hogan, decía:

SI OBSERVAN LA MUSCULATURA DE RODOLFO VALENTINO (¿Y QUIÉN NO?) COMPRENDERÁN POR QUÉ RUDY DESEA BOXEAR DIEZ ASALTOS CON CUALQUIER CRÍTICO QUE LE JUZGUE EQUIVOCADAMENTE.

En una revista de cine, los publicistas fantasmas de Valentino informaron a sus lectoras que era muy difícil llegar a estrella de cine.

«Tras llegar al estrellato, se siente el deseo de continuar en él. Y esto impone un método de vida más riguroso que el de la mayoría de seres humanos.»

El artículo continuaba:

«Cuando trabajo en una película me levanto a las cinco de la madrugada y me presento en los Estudios a las seis. Cabalgo durante una hora bajo la supervisión de Mario Carrillo, antiguo capitán de Caballería en Italia, el cual me adiestra como si yo tuviera que ser oficial del Ejército.

»A las siete me dirijo al camerino, y allí un masajista me da masaje. Después me visto y me maquillan, y a las ocho y media ya estoy en el plató.

»La actuación ante las cámaras y atender a los mil detalles del rodaje, consumen todo el día. Casi nunca salgo de los Estudios antes de las siete de la tarde. Créanme si les aseguro que me acuesto a las nueve. La víspera de una fiesta reciente pensé celebrarla yendo al teatro. Pero después de cenar sentí tanto sueño que decidí postergar aquel entretenimiento.»

Un volumen de poemas de amor, supuestamente escritos por Rudy y Natacha, fue literalmente devorado por sus admiradoras. Dos libros póstumos también se vendieron muy bien entre quienes buscaban recuerdos de Rudy. Uno de los dos fue redactado por un «negro»[1], dando una imagen muy masculina de Valentino, y se titulaba *Cómo mantenerse en forma.* El otro contenía las palabras inmortales del Maestro, y adoptó la forma de un segundo libro de poemas de amor. *La piel del bebé* fue escrito, según Valentino, bajo la guía espiritual de Walt Whitman.

La contextura del ala de una mariposa,
con el color de la rosa de la madrugada,
cuyo perfume es el aliento de Dios.

1. *Negro,* en el argot literario, es el escritor que presta su pluma a algún personaje o a un editor, escribiendo con el nombre de quien le hace el encargo o con un pseudónimo.

Tal es la trama en que se sustenta
el tesoro del pecho valioso,
el don inapreciable... el Hijo del Amor.

Tú consiguió una gran popularidad entre las admiradoras del actor. Reeditado incluso hoy día en los boletines de los *Clubs Valentino,* el poema parece ofrecer a las lectoras la bendita ilusión de que el Dios del Amor les habla directamente.

Tú eres la Historia del Amor y
su justificación.
El símbolo de una devoción.
La bendición de la feminidad.
El incentivo de la caballerosidad.
La realidad de los ideales.
La verdad del júbilo.
La defensa de la idolatría.
La prueba de la bondad.
El poder de la gentileza.
El reconocimiento de la belleza.
La excusa de la vanidad.
La promesa de la verdad.
La melodía de la existencia.
La caricia del romance.
El sueño del deseo.
La simpatía de la comprensión.
El hogar de mi corazón.

La prueba de la fe.
El santuario de mi alma.
Mi creencia en el Cielo.
La eternidad de toda felicidad.
Mis plegarias.
Tú.

Valentino pensaba siempre en su propia mortalidad. Y lo expresó, siempre bajo la influencia de Whitman, en «Polvo al polvo».

Tomo un hueso y lo miro absorto: Tú
fuiste un átomo de fuerza. En tí hoy
veo el blanco sepulcro de la nada... pero
tú fuiste el ástil que mantuvo fundido
el vehículo del Hombre hasta que Dios le
llamó y su Alma contestó.

S. George Ullman siempre sostuvo que Valentino resultaba tan admirable y dinámico en la vida real como en la pantalla. Ullman había aprendido a callar cuando le objetaban que su representado era muy poco viril en la vida real, pero siempre se enfurecía cuando algunos elementos de la prensa daban a entender que Valentino era un ignorante. Para combatir esta acusación, Ullman llegó al extremo de describir al actor como a un brujo auténtico, de buen carácter. En cierta ocasión, cuando se refirió a la biblioteca personal de Valentino, con «una serie de bellísimos tomos encuadernados en piel», afirmó que tales libros estaban escritos indistintamente en latín, francés, alemán, español, italiano, inglés antiguo, ruso y griego, y proclamó que el diplomado en Agricultura estaba familiarizado con el contenido de todos ellos.

Por aquella época, Chaw Mank había empezado a moldear la imagen de Valentino. Los presidentes honorarios del Club de la Amistad de Mank eran Milton Sills, Philo McCullogh, Anna Q. Nilsson y Warner Baxter.

«Rudy se preocupaba constantemente por su imagen pública —afirma Mank—. Y en 1925 sintióse muy trastornado por la forma de tambalearse su matrimonio y por cómo empezaba a tratarle la prensa. Se quejó amargamente de no ser comprendido ni por los amigos ni por los enemigos. Y una de sus cartas terminaba así:

> *»Uno de los gritos más tristes y ciertos de todo el mundo es el del árabe cuando exclama: ¡Sólo Dios y yo sabemos lo que hay en mi corazón!»*

15

Mientras Rudy y Natacha hacían gala de su malhumor en Palm Springs, J. D. Williams les dio la noticia de que la Ritz-Carlton pensaba romper su contrato con Valentino. No se rodaría *El Halcón encapuchado*. Lo que podía haber prosperado como una sociedad única entre actor y productora lo había destruido metódicamente la esposa del actor.

La primera reacción de Natacha fue buscar una víctima propiciatoria. Cogió rápidamente el teléfono y descargó su furor en los oídos de June Mathis. Era culpa suya, le espetó Natacha a la guionista, si la Ritz-Carlton rompía el contrato. De haber tenido listo el guión, habrían rodado *El Halcón encapuchado* y todo habría ido bien.

No bastó con atacar a June Mathis. S. George Ullman tenía que pagar por su falta de dominio sobre Williams y los demás jefes de la productora. Natacha se fue sola de Palm Springs: estaba dispuesta a la batalla. Valentino la seguiría más tarde.

Ullman ya estaba preparado para el combate. Cuando

Natacha irrumpió en su despacho, logró conservar la calma y soportar los insultos sin perder la compostura. El agente de Valentino dejó que Natacha le fulminase durante casi una hora respecto a su incompetencia e ineptitud al permitir que Williams se le impusiera en un contrato. Cuando la joven hizo una pausa para respirar, Ullman usó contra ella su arma secreta.

—Tengo un contrato excelente para Rudy con la United Artists —murmuró con suavidad—. Y el contrato está en mi escritorio.

Natacha se quedó de una pieza. Un contrato de Rudy con la United Artists le colocaría en una especie de sociedad con los «Cuatro Grandes» que la habían fundado: Mary Pickford, Douglas Fairbanks, Charlie Chaplin y D. W. Griffith.

—¿Sabes que Joe Scheck iba detrás de Rudy desde enero de 1923, poco antes de la gira Mineralava? —continuó Ullman—. Deseaba contratar a Rudy para *Romeo y Julieta.*

—Sí, lo recuerdo —asintió Natacha—. ¿Es bueno el contrato?

—El mejor que habrá firmado Rudy jamás.

—Bien —sonrió débilmente Natacha—, esto es maravilloso. ¿Cuándo empieza a trabajar?

—Inmediatamente —Ullman hizo una pausa, y agregó—: Sin embargo, hay una cláusula que tal vez no te guste.

Natacha entrecerró los ojos coléricamente y casi pareció complacida de tener otra oportunidad de enseñar los dientes y las uñas.

—¿Cuál? —inquirió—. ¡Supongo que querrán que actúe en cualquier basura que se les ocurra, sin permitirle aprobar los guiones!

—Nada de eso —replicó Ullman, con voz neutra—. Schenck ha incluido una cláusula por la que insiste en que la señora Valentino no tendrá la menor autoridad en ningún departamento de las producción de su marido. Lo cual significa que no podrás aconsejar a los maquilladores, ni a los *cameramen,* ni siquiera a un tramoyista... ni mucho menos entrar en el cubil del director. Bueno, Schenck prefiere que ni siquiera se te vea en los Estudios.

El rostro de Natacha se puso lívido de indignación.

—¡Valentino jamás firmará este contrato! —afirmó—. Me necesita en el plató. Sin mis consejos se encuentra como el pez fuera del agua. Quiere que esté a su lado durante toda la producción de un film.

—Sé razonable, Natacha —suplicó Ullman—. Será un gran beneficio para Valentino la firma de este contrato. Si realmente sientes interés por su trabajo, accede a esfumarte por el foro en bien de su carrera.

—¡Valentino no firmará! —repitió Natacha—. Me necesita.

Después de muchas vacilaciones, Valentino firmó el contrato con la United Artists. Ullman se sintió al instante aliviado y contento, y Schenck anunció que el primer rodaje de Valentino sería el de *The Eagle*[1], adaptación de la obra de Pushkin, *Dubrovsy*. Hans Kraly había hecho el guión, y Clarence Brown sería el director. La otra estrella del reparto sería Vilma Banky, la bella rubia que Samuel Goldwyn descubriera en Budapest.

Cuando Valentino le contó a Natacha que había firmado para la United Artists, esperaba un sermón en toda regla o un ataque demencial. Pero se asombró al ver que Natacha se inclinaba ante lo inevitable.

—Ya es hora de que yo piense en mi propia carrera —le respondió a Valentino—. Ya he perdido demasiados meses batallando por la tuya. Pienso empezar a trabajar inmediatamente en una película mía.

—¿Entonces no estás... enfadada por aquella cláusula? —se admiró el joven actor.

—Claro que no. ¿Por qué? Todo el mundo es demasiado estúpido para hacer caso de mis consejos. Mientras tú te dedicas a rodar bazofias indignas de tí, yo desarrollaré nuevas técnicas cinematográficas en mi nueva producción. Nazimova será mi asesora y Nitzie querrá ser la estrella. ¡De lo contrario, escribiré, dirigiré y seré la estrella yo misma!

A Valentino le encantó que su esposa hubiera encontrado el modo de ocupar su tiempo. Mas su deleite se trocó en desesperación cuando se enteró de que Natacha intentaba que él financiase su producción. Trató de discutir con ella. de con-

(1) En España se estrenó con el título de «El águila negra». (N. del e.)

vencerla de que su posición monetaria no podía resistir el presupuesto de una productora independiente. Le sugirió que lo mejor sería buscar accionistas para su película. ¿Y su padrastro?

Es dudoso que Richard Hudnut se hubiese mostrado interesado en financiar una película que satirizaba la industria de los cosméticos y se reía de las agonías de los Institutos de Belleza, aunque su hijastra le hubiera pedido ayuda. La película de Natacha *¿Qué vale la belleza? (Wat Price Beauty?)* parecía una extraña expresión del «deshonor para tí, padre, y para tí, madre», y un peculiar ataque contra la vanidad del sexo femenino. El film, demasiado adelantado como sátira para su época, no tuvo éxito ni atrajo la atención de la crítica. Hoy día, los historiadores de Hollywood la consideran interesante tan sólo por haber actuado en la misma, por primera vez, Myrna Loy.

Valentino, harto de pelearse con Natacha por aquella película, accedió a financiarla, cuando ella le aseguró que el presupuesto no excedería de los treinta mil dólares. Nita Naldi consintió en ser la protagonista y aunque padeció cierto embarazo profesional ante el estreno, no tuvo que abonar una cuenta de cien mil dólares por el coste de la producción, como Valentino. Natacha le dio a su marido una breve disculpa, alegando que su primer cálculo se había quedado un poco bajo.

—Era como si hubiese decidido arruinar a Rudy por haberle cerrado éste las puertas de los Estudios donde trabajaba

—explicó Nita Naldi más tarde—. Y Natacha estuvo a punto de arruinarme a mí con aquella maldita película. La Nazimova aún tenía mucha influencia sobre ella, y Natacha quiso complacer artísticamente a su ídolo. Jamás comprendió lo bien que le hubiera ido a ella misma y a todos siendo sencillamente la mujer de Rodolfo Valentino.

S. George Ullman también escribió:

«Cuando le quitaron la dictadura, tardó muy poco en perder todo interés, no sólo por la carrera de Valentino sino por su propio papel de esposa. Cuando dejó de colaborar, también lo hizo en otros muchos aspectos, no en uno solo.»

Mientras Rudy terminaba el rodaje de *El águila negra,* Natacha empezó a recorrer largos trayectos en coche. A menudo, cuando Valentino regresaba a casa la encontraba vacía. Después de cenar solo, salía, a veces a cabalgar por el desierto a la luz del crepúsculo, a veces a la ópera. Era como si los dos «perfectos amantes» se hubieran declarado la guerra fría.

La señora Theresa Werner, tía de Natacha, intentó terminar con aquel estado de cosas. «Tiíta» Werner había reemplazado rápidamente a June Mathis como «alma maternal» de Valentino cuando éste se casó con Natacha. La señora Werner estaba siempre dispuesta a escuchar las quejas de Rudy y a aconsejarle sobre las decisiones a adoptar. Demostraba más simpatía por el carácter del joven actor que la propia madre de éste, siempre temerosa de que Rudy empañase el buen nombre de la familia.

Rudy aceptó el consejo de la señora Werner: un gesto bondadoso por parte de Valentino aportaría el bálsamo necesario para cicatrizar el ego maltratado por la «insultante cláusula» del contrato de la United Artists. El joven hacía tiempo que había puesto los ojos en una mansión de Benedict Canyon, la cual parecía destinada a convertirse en el castillo de los sueños espirituales propios y de Natacha. Incluso pensaba llamarlo «Nido del halcón» en homenaje al fallido *Halcón encapuchado.*

Mientras consideraba la compra de la casa, Valentino le escribió a Mank:

Personalmente, opino que lo mejor es poseer un hogar fijo, lo más cerca posible a la casa ideal. Me gustaría que tuviese un aspecto medieval. No me encanta mucho el modernismo, ni en las casas, ni en las ropas, ni en las mujeres. Me complacería mucho un toque del Viejo Continente, el aroma de la tradición, la sugerencia de otras tierras, de otros tiempos. Dorados viejos, rojos sombríos..., azules acuosos; grises como volutas de humo. Me encantaría vivir en un sitio así todos los años, temporada tras temporada, hasta conocer la mansión a fondo.

No me gusta ir de hogar en hogar; de una finca a otra, sin tener jamás una casa propia. Me gustaría conocer mi casa, convertirla en capilla de todas las cosas bellas que he logrado reunir procedentes de los cuatro rincones del globo. Una casa donde mis amistades me recordaran permanentemente como «definitivamente establecido» y en la que pudiera morir después de las tormentas de la existencia.

Pero si algún día decae la confianza en mí mismo, si llega la hora de la inutilidad de la lucha por mis derechos individuales, entonces quisiera trasladarme a un edén donde el cielo estuviese siempre azul; donde mis pies hollasen un suelo completamente virgen. Donde, debajo de mí, debajo de los blancos acantilados, el mar entonase su balada eterna e inmemorial.

El «Nido del halcón» poseía ciertamente casi todos los requisitos exigidos por Valentino para que fuese su hogar «cercano a lo ideal». Ostentaba un estilo medieval, y Rudy lo adornó con tapices, armas y armaduras que daban al lugar un aspecto feudal. Sería el lugar ideal para que Natacha pudiese celebrar las sesiones ocultistas a las que era tan aficionada.

Pero Natacha no pasó ni una sola noche en el «Nido del Halcón». Se marchó al Este con «tiíta» Werner y alquiló un apartamento en la calle 81, oeste, número 9. Ullman tuvo noticias suyas: la joven deseaba que le proporcionase papeles en el cine. y Ullman logró uno en la cinta titulada *cuando el amor se enfría (When Love Grows Cold.)*

Rudy buscó consuelo en la compañía de Vilma Banky, la cual le acompañaba en su barroco camerino a la hora de cenar. Sin embargo, se vieron destruidos los intentos de la prensa por convertir aquella amistad en un dúo de amor, especialmente cuando se supo que la pareja iba a todas partes en compañía de tía Werner, que había regresado a Los Angeles. Nadie, decidió la prensa, podría mantener un idilio con otra mujer estando vigilando la propia tía de la esposa legal.

The Eagle (El águila negra) fue un éxito enorme de taquilla, resultando la película más importante de la carrera de Valentino. Natacha esperaba un estrepitoso fracaso que le abriera las puertas de los Estudios con una marcha triunfal, Joe Schenck pidiéndole consejos e insistiendo en que todos los días estuviera presente en el plató. La lección era de una tremenda claridad: ella había «aconsejado» a J. D. Williams en cada centímetro de celuloide gastado por las cámaras, y *Cobra* había sido el primer gran fracaso de Valentino; había estado ausente de los Estudios durante el rodaje de *The Eagle,* y los críticos afirmaban que el galán italiano había realizado su mejor interpretación hasta la fecha.

Joe Schenck acababa de demostrar que Valentino, la United Artists y toda la industria cinematográfica podían pasarse muy bien sin la señora Valentino. Natacha no quiso sufrir tal humillación y se embarcó para Europa en el primer transatlántico que encontró. Destino: París. Objetivo: el divorcio.

A. L. Wooldridge estaba con Valentino la tarde en que éste recibió la noticia de las intenciones de Natacha. Más tarde, Wooldrigde le escribió a Chaw Mank:

«Paseamos hasta cansarnos, y entonces nos detuvimos a descansar mientras veíamos morir el día. La idea de que su esposa se había marchado a París para pedir el divorcio le deprimía. Rodolfo estuvo sentado unos instantes, con gran tristeza, y al fin murmuró:

»—Lo siento. Tenía que suceder.

»Tras una pausa añadió:

»—Pero no siempre es posible dirigir nuestras vidas como quisiéramos.»

Era una máxima que el joven romántico solía citar a menudo en los últimos y turbados meses de su existencia.

16

Rudy empezó a quejarse de dolores abdominales a sus amigos íntimos. De cuando en cuando se doblaba, agarrándose el estómago, y en cierta ocasión le ocurrió esto yendo en taxi hacia un club nocturno. Aunque se negó obstinadamente a visitar a un médico, casi todos sus amigos estaban familiarizados con los ataques producidos por las úlceras, y reconocieron sus síntomas en Valentino.

—Esta noche tienes que beber leche —le dijo un amigo, aguardando a que el dolor remitiese antes de entrar en el club.

Valentino se echó a reír con sarcasmo.

—Esto es lo que necesitan todos los periodistas de mí, ¿eh? El Gran Amador, el gran hombre, bebiendo leche. No, el hombre que puede boxear y sabe ser más hombres que los demás en la pantalla debe beber un coñac fuerte.

Siempre que Valentino se sentía frustrado o disgustado por algo, recuerdan sus amistades, pedía platos italianos muy especiados, que consumía con sendos tragos de vino fresco.

Aunque casi nunca tomaba whisky, casi nunca comía tampoco sin tener al lado una botella de vino. Gran fumador desde sus primeros tiempos en Hollywood, Valentino jamás abandonaba por muchos segundos su boquilla. Su régimen no era el más recomendable, claro está, para un estómago ulceroso.

Tal vez como refuerzo para su maltratado ego al perder otra esposa en los tribunales, Valentino empezó a celebrar extravagantes fiestas en su nueva mansión. Su lujoso hogar ofrecía todos los matices del rojo oscuro, su color favorito. Había brocados, terciopelos, satenes y bordados de oro y plata en abundancia. Las colgaduras de las paredes, con los soportes de hierro forjado ofrecían un adecuado complemento a las tallas de artesanía de jade y marfil. Su biblioteca se ufanaba de volúmenes raros, encuadernados en piel de becerro, con guardas plateadas. Su mesa sostenía una vajilla interminable de porcelana y copas de Venecia y Bohemia. Los visitantes que acudían durante el día podían obtener una panorámica estupenda de Beverly Hills, Los Angeles; y en los días claros, la vista alcanzaba hasta la isla Catalina. Las casas de Harold Lloyd, Thomas Ince y Charlie Chaplin se hallaban por debajo del «Nido de halcón», lo mismo que las de Mary Pickford y Douglas Fairbanks, su *Pickfair,* y la de Marion Davies, su hogar estilo inglés. A la izquierda del hogar de Valentino, y casi a su altura, estaba la hacienda de su archi-rival para la corona del estrellato de los galanes cinematográficos, John Gilbert. Detrás, en una colina, aún más arriba que las casas de Valentino y Gilbert, la mansión de estilo español de Fred Thompson y su esposa Frances Marion.

Poco después de terminar la filmación de *The Eagle,* Valentino se marchó a Nueva York para presentar la película. Ésta resulto muy popular y los neoyorquinos la acogieron con entusiasmo: un cambio muy notable tras el fracaso de *Cobra,* que había padecido durante su producción las interferencias de Natacha. Rudy se marchó de Nueva York a Londres, para asistir al estreno de la cinta, y luego tomó un barco con destino a Francia. Les contó a sus amigos que esperaba conversar con Natacha antes de que ésta siguiese adelante con sus planes de divorcio y poder llegar quizás a una reconciliación. Le causaba un gran trastorno pensar en el efecto que el divorcio podía ejercer sobre la imagen del Gran Amador cuando se supiera que «el gran amor de su vida» le abandonaba.

Rudy se instaló en la Plaza Atenas. Natacha ya no estaba en París. Valentino visitó a los Hudnut en su castillo cerca de Niza, pero sostuvieron que ignoraban dónde podía encontrarse su hija. Tal vez en Nueva York. Rudy consiguió localizar en París al abogado de su esposa, y lo que éste le notificó no resultó agradable.

A Natacha no le interesaba una reconciliación. Si Valentino intentaba entorpecer los procedimientos del divorcio, Natacha le contaría al mundo entero qué clase de hombre era él en realidad. Diría a toda la prensa mundial que el Gran Amador era incapaz de amar.

—¿Soy realmente incapaz de amar? —les preguntó el actor muy angustiado a sus compañeros de viaje.

Toda su vida había buscado un ideal, un ideal que le esquivaba, que jamás había logrado conseguir. Algunas veces había pensado que podría encontrar el amor en planos más elevados, sólo para verse traicionado, abatido, destruido. Otras veces se sentía humillado y se burlaba de sí mismo.

El mundo había arrojado sobre sus hombros un manto de Eros que nunca supo llevar cómodamente. Millones de mujeres le consideraban la última palabra de la atracción masculina; en cambio, para sus íntimos ni siquiera era un hombre.

En un recuerdo fugaz, vislumbró la sonrisa de triunfo en el rostro de Claude Rambeau cuando inició al joven Rodolfo en su clase de amor tan especial.

—No era aquel el amor que yo buscaba —gruñó, golpeándose una contra otra sus enguantadas manos—. Lo hallé vil y repugnante.

El hombre cuya atracción magnética era capaz de excitar a través de la pantalla a millones de mujeres hasta el éxtasis sexual, no podía ser esa clase de hombre.

—Y no obstante, mis dos matrimonios han fracasado —rezongó interiormente—. Mi querida Jean sólo fue mi esposa un mes. Y Natacha... nunca fue mi mujer.

No era amor el que podía medirse por las muescas hechas en la cabecera de una cama. Su búsqueda del amor no era la búsqueda de la tiranía carnal. Su verdadero amor tal vez había sido Blanca deSaulles que, en su mente, permanecía pura e inalcanzable.

Era la misma imagen que había creado de sí mismo la que le negaba el derecho a la verdadera expresión del amor. Nunca podría estar a la altura del sátiro sonriente y viril. El amor que buscaba era el del alma.

—Pero la gente no está interesada por mi alma. Quieren sólo mi cuerpo, mi apostura, mi fama.

Valentino no había encontrado su ideal; no había obtenido la felicidad sexual con los hombres; no había sabido ser el amante de las mujeres. Lo que deseaba, lo que hizo y lo que el mundo esperaba de él jamás serían cosas compatibles.

—Nunca seré el Gran Amador que ven en mí —casi sollozó—. Ya no soy Rodolfo. Me han convertido en Valentino..., y no existe un auténtico Valentino.

Rodolfo se enteró de que su antigua amiga Mae Murray, que recientemente también había sufrido mucho en su vida amorosa, estaba en París. Y quiso verla. Con la necesidad hija de la desesperación, la visitó en sus habitaciones del hotel Crillon.

—Natacha me ha amenazado con proclamar que yo no soy un buen amante —le contó a Mae, en tanto las lágrimas resbalaban por sus mejillas—. Pregonará cómo soy realmente en la cama. Dirá que soy un hombre de pega, y no un jeque.

Mae Murray consoló a Valentino como a un chiquillo.

—No te perjudicará si permites que se divorcie de tí. Todo el mundo te quiere, y tú le has dado al mundo el don del amor. No dejes que Natacha te destruya. Que haga su voluntad.

Y como tantas veces en el pasado, Mae Murray consiguió inspirarle a Valentino la combinación de simpatía y ánimos que él necesitaba. Aquella noche bailaron en el Lido, y Valentino decidió visitar París como no lo había hecho a sus inocentes dieciocho años. Todas las noches llevaba a varios amigos a un club diferente, al *Ambassadeurs,* al *Florida,* al *Ciro's.* Apareció a menudo con Mae Murray, con Jean Nash y con las Hermanas Dolly. Valentino estaba gozando de la vida nocturna de París y aseguraba que no saldría de la capital francesa sin haber completado el dorado círculo.

París todavía vivía la locura del tango, pero si bien se reconocía la formidable interpretación de Rudy en *Los cuatro jinetes del Apocalipsis,* quien ahora hacía furor en la capital francesa era Carlos Gardel, el gran cantador de tangos de Sudamérica. Sólo en tres meses se vendieron en París setenta mil discos de Gardel. Sus agradables facciones sonreían a los parisinos desde las portadas de las revistas y los catálogos de música. Ni siquiera la *gente bien* consideraba ya al tango como una danza pornográfica o inconveniente, sino como algo pintoresco y excitante; tanto, en realidad, que el Vaticano, alarmado, lo prohibió y condenó, enviando instrucciones a todos los sacerdotes para que atacaran a aquel «baile salvaje». La prohibición fue ignorada por la aristocracia de Europa, lo que colocó al Vaticano en muy mala posición. El Papa Pío X, para zafarse del ridículo, fingió que necesitaba más información respecto al nuevo baile, y logró que una pareja de la nobleza de Roma interpretase el tango ante él, tal como se bailaba en los salones de Europa. Después de la interpretación, el Papa declaró que estaba muy favorablemente impresionado, y puso término a la prohibición.

Valentino asistió a diversas actuaciones del famoso Carlos Gardel, pero nunca pasó al escenario para saludarle. Ciertamente, se habrían gustado mutuamente y habrían descubierto que tenían muchas cosas en común, aparte de un notable parecido físico. Gardel siempre estaba jovial y alegre, aunque sus amigos íntimos sabían que era un introvertido. Según Joe Razzano, Gardel continuamente «iba acompañado por una cruel tristeza, tan negra como las calles de los barrios que cantaba en sus melodías».

Gardel tenía más admiradoras que ningún otro artista latinoamericano, pero jamás se enamoró.

—Todas las mujeres merecen ser amadas —dijo en cierta ocasión—, por lo que conceder el amor a una en particular sería ofender a las demás.

Gardel vivía solo, aunque la soledad siempre le aterrorizó, buscando la compañía de amigos. Además, al parecer, padecía el mismo temor, la misma ambición, que torturaban a Valentino.

S. George Ullman se alarmó ante los enormes dispendios de Valentino cuya finca estaba ya hipotecada en París. En diversas cartas y telegramas expresó su insatisfacción ante la prodigalidad de Valentino y su disgusto por las historias que empezaban a circular durante la aventura europea de Rudy, pintando al Gran Amador como un héroe de la mejor picaresca. Se decía que Valentino había alquilado todo un burdel para él y sus amigos de viaje, donde albergarse durante su estancia en París. «Con mujeres calientes y frías», añadía la historia.

Quien conociera a Valentino debía comprender que todo era pura invención, pero resultaba una buena anécdota para contar en Estados Unidos a la hora del *cóctel*. Lo mismo que la referente a Valentino y los danzarines de la Compañía del Ballet de París. Por lo visto, según el chisme, Rudy y los danzarines habían finalizado su discusión respecto a quién debía dormir con el director del Ballet comparando la longitud de cierta parte de su anatomía sexual. Naturalmente, ganó Rudy al exhibir un órgano de proporciones hercúleas.

Cuando decidió regresar a Estados Unidos, Rudy quiso convencer a su hermana María y a su hermano mayor Alberto para que le acompañaran. Alberto, que estaba casado y tenía un hijo de once años, aceptó la invitación de su hermano para visitar América, aunque se negó a fijar su residencia en California. María no deseaba ver «las calles pavimentadas con oro», de modo que Valentino la instaló como costurera en París. Esto, para María, era el colmo de la ambición, mucho más práctico que intentar ser estrella de cine. Valentino también utilizó su influencia para conseguir que Alberto quedara empleado en las oficinas de la United Artists en París; al regreso de América, entraría a formar parte de aquella empresa como representante para Italia.

Satisfecho de que la familia Guglielmi tuviese todos los asuntos en orden, Rudy y Alberto, con su familia, zarparon para América. Sería estupendo vivir con su familia en el «Nido del halcón», aunque fuese por poco tiempo. Le ayudarían a ahuyentar el fantasma de Natacha que aún embrujaba cada rincón de su hogar.

De vuelta a Hollywood, Valentino descubrió pronto otros medios para exortizar los fantasmas del pasado. Una vez le había dicho a Louella Parsons que le gustaría conocer a Pola Negri. Expresó este deseo poco después de que Natacha le abandonase, siendo pues en parte por despecho. Natacha se había referido varias veces a su desprecio hacia Pola Negri desde el momento en que la tempestuosa actriz alemana desembarcó en las costas americanas. Valentino ignoraba cuál era el motivo de aquel desdén de Natacha por Pola Negri. Incluso había dicho, bromeando, que tal vez se debiese a que «Pola Negri» era un nombre más exótico y cinematográfico que Natacha Rambova. O a causa del magnetismo animal que proyectaba Pola, junto con aquel aura omnipresente de decadencia sofisticada. George Ullman aventuró la hipótesis de que Pola era la perfecta antítesis de Natacha, apasionada, de sangre ardiente, volcánica.

Fuera como fuese, Valentino comprendió el valor publicitario de un nuevo romance, con el fin de parar el golpe asestado por el divorcio de Natacha. Y aunque aquel amor no sería sincero, la ardiente Pola Negri le mantendría ocupado con un torbellino de clubs nocturnos, fiestas y estrenos.

Valentino se hallaba también excitado ante la nueva película que la United Artists había preparado durante su paseo por Europa. Habían adquirido los derechos de la novela de E. M. Hull *The Son of the Sheik (El hijo de Caid)*[1]. Frances Marion, su vecina, se cuidaría de la adaptación, y su misma pareja de *The Eagle,* Vilma Banky, volvería a figurar en la cabecera. Pero había más: George Fitzmaurice dirigiría por fin a Valentino. Precisamente, el no haber conseguido la productora Players contratar a Fitzmaurice como director de Valentino era lo que había precipitado la ruptura. Valentino interpretaría un doble papel, el de Ahmed y el de Ahmed Ben Hassan, el jeque «original». Como favor especial para Rudy, Agnes Ayres había accedido a aparecer en una breve secuencia como «Diana», la madre inglesa de Amed. Para completar la perfecta vuelta al hogar, W. K. Kellogg le prestaría a Valentino un espléndido corcel blanco, Jadan, para la película. La filmación de *El hijo de Caid* no tardó en iniciarse con suavidad bajo las cadencias de la *Suite del desierto,* de Homer Grunn, la música de fondo favorita de Rudy.

Aunque Valentino llevaba ya una existencia más tranquila y ordenada que en meses anteriores (tenía a su hermano y su familia en casa, y como diversión le bastaba con sus salidas con Pola Negri, sin la compañía de tía Werner), los dolo-

(1) Este es el título con que fue estrenado el film en España. (N. del e.)

res de estómago eran mayores que nunca. Tal vez fuese el recuerdo imperecedero de su mortalidad lo que hizo que Valentino estilizase más y más sus actuaciones en sus últimas películas.

No intentaba, según les dijo a sus amigos, ser siempre un galán. Se imaginaba que le quedaban cinco o seis años de interpretar tales papeles. Deseaba interpretar Ben Hur, y después pasaría a hacer papeles de carácter. Solía agregar que le gustaría interpretar a César Borgia, a Colón, e incluso maquillarse con la larga nariz de Cyrano de Bergerac. Después, claro, haría de jefe indio y, más que nada, bailaría danzas apaches.

Mientras tanto, salía constantemente con Pola Negri. Los articulistas y las revistas de cine proclamaban que Valentino había hallado «un nuevo amor».

«Pola y Rudy, afirmaba una revista, forman una estupenda pareja. Insisten en sentarse juntos en las fiestas e ignoran a todos los demás, y si mis ojos no se engañan, continuaba el articulista, se cogen las manos por debajo del mantel en las cenas. Lo cierto es que Rudy se está convirtiendo en un experto en comer con la mano izquierda.»

Un pie debajo de una foto de Pola Negri, ella ataviada de gitana y Rudy vestido de matador de toros, afirmaba:

VALENTINO DICE UNA COSA. POLA DICE OTRA. Y HOLLYWOOD YA ESTÁ DE VUELTA. RESULTA INNECESARIO AFIRMAR QUE RUDY Y POLA FUERON EL CENTRO

DE LA ATRACCIÓN GENERAL EN EL BAILE DE DISFRACES DE PRIMAVERA DEL CLUB SESENTA.

Valentino asistió al estreno mundial de *El hijo del Caid*, en el Teatro Millón de Dólares de Grauman, con Pola cogida de su brazo. La película fue recibida con una buena crítica, pero los Estudios temieron que el público no se mostrase demasiado entusiasta, asustados ante la acogida que podría tener en los Estados de Nueva Inglaterra. Al momento, le pidieron a Rudy que se dispusiera a asistir a una serie de estrenos en el Este, con apariciones personales, inmediatamente después de acudir al estreno en San Francisco.

Rudy sabía que aquel viaje resultaría muy molesto, si bien se aprestó al mismo con gran entusiasmo. Saldría al momento para San Francisco, y su hermano con su familia se marcharían unos días más tarde a Nueva York, donde él y Ullman se les unirían antes de volver a París. Mientras Rudy disponía estos preparativos, le llamó June Mathis para invitarle a una cena íntima. Valentino no hablaba con June desde que Natacha le había recriminado su tardanza en concluir el guión de *El halcón,* y deseaba hacer las paces con su amiga.

Valentino conversó brillantemente con la mujer y apretó cálidamente su mano entre las suyas para sellar su amistad. Aquel renacimiento de las antiguas amistades parecía ya una premonición de muerte. Sin embargo, Valentino no dio la menor señal, en aquella cena, de que nunca más volvería con vida a Hollywood.

17

Fue en Chicago, mientras aguardaba al tren de transbordo, donde Ullman consiguió un ejemplar con el ataque personal contra Valentino, del *Chicago Tribune.*

Ullman escribió posteriormente que:

«... aquel ataque anónimo amargó los últimos días de Valentino, matando en él su alegría de vivir y causándole más angustia mental que ningún otro artículo escrito sobre su persona.»

Ullman afirmó que reconocía aquel editorial como procedente de «la misma pluma emponzoñada que anteriormente ya había, sin aparente causa ni motivo, atacado a mi amigo».

El editorial, titulado *Brochas para polvos rosa,* consideraba a Valentino como el resumen de la sofisticación, se burlaba de su masculinidad y le acusaba del afeminamiento de los varones americanos.

En la parte norte de esta ciudad se inauguró hace poco un nuevo salón de baile, un lugar elegante y aparentemente bien regentado. La impresión agradable dura hasta que uno entra en el la-

vabo de caballeros y ve en la pared un aparato a base de tubos de cristal y palancas, con una ranura para insertar una moneda. Los tubos de cristal contienen algo sólido de color rosa, y debajo se lee: «Insertar una moneda. Colocar la brocha personal debajo del tubo. Después, tirar de la palanca.»

¡Una máquina para vender polvos! ¡En un lavabo de caballeros! ¡Homus Americanus! ¿Por qué alguien no eliminó hace años a Rodolfo Guglielmi, alias Valentino?

Bien, ¿arrancó alguien de la pared el aparato para vender polvos o todo el mundo lo ignoró? No, al contrario, fue utilizado. Personalmente, vimos entrar a dos «hombres», meter la moneda, mantener el pañuelo debajo del tubo, tirar de la palanca, tomar el polvillo rosa y restregárselo por las mejillas delante del espejo.

Otro miembro de este departamento, uno de los hombres más amables de la tierra, llegó tronando a la oficina el otro día porque había visto a un joven peinándose su engomado pelo en el ascensor. Pero nosotros afirmamos que eso del polvillo rosa sobrepasa a todo lo más inaudito.

Ha llegado la hora del matriarcado si el macho de la especie permite que subsistan tales cosas. Será mejor estar regidos por mujeres masculinas que por hombres afeminados. El hombre ya empezó a patinar, creemos ahora, cuando abandonó la navaja por la maquinilla de afeitar. No nos sorprendería oír que la maquinilla de afeitar ha cedido el paso al depilatorio.

¿Acaso es esta degeneración hacia el feminismo una reacción, junto con el pacifismo contra las virilidades y realidades de la guerra? ¿Guardan relación los polvos color rosa y los salones de

belleza? ¿Cómo conciliar los cosméticos masculinos, los pantalones abombados y las esclavas en los tobillos con el cumplimiento de la ley y la actitud general ante el crimen organizado?

¿Les gusta a las mujeres el tipo de «hombre» que se pinta la cara de rosa en un lavabo público y se retoca el peinado en un ascensor? ¿Pertenecen de corazón las mujeres a la era wilsoniana de «Yo no crié a mi hijo para ser soldado?» ¿En qué se ha convertido el antiguo hombre de las cavernas?

Es un extraño fenómeno social que no sólo tiene lugar en América, sino también en Europa. Chicago tiene sus polvos rosa, Londres sus bailarines, y París sus gigolos. ¡Abajo con Decatur! *¡Arriba con Elinor Glyn! Hollywood es la Academia Nacional de la virilidad. Rudy, el guapo jardinero, es el prototipo del macho americano. ¡Campañas del Infierno! ¡Oh, azúcar!*

Valentino tuvo que ser sujetado por sus amigos para que no echara a correr hacia las oficinas del *Tribune* y provocase una escena violenta.

—¿Por qué diablos me echan a mí la culpa de esos bastardos y sus polvos rosa? —exclamó—. ¡Si ese hijo de puta cree que soy un marica, haré que pruebe mis puños contra su mandíbula. Pronto verá cuál es más hombre de los dos.

Se habían reunido varios reporteros en torno al enfurecido Valentino, empezando a burlarse de él. Ullman, temiendo que su representado se insolentase con la prensa, consiguió aislarse en una habitación del hotel Blackstone, donde, tras haber vomitado todas las obscenidades inglesas e italianas que se le ocurrieron, Valentino logró calmarse hasta el punto de atender a las sugerencias de su agente, que le aconsejaba llamar a un representante del diario rival del *Tribune*, el *Herald-Examiner*, y luchar contra aquel editorial con sus mismas armas. Rudy accedió al consejo, y mientras el periodista del *Herald-Examiner* lo tomaba en taquigrafía, Valentino dictó una réplica, con ayuda de Ullman, que debía demostrar la virilidad del joven actor, al tiempo que insultaba al autor del ataque personal.

Al hombre (?) que escribió el editorial del Tribune titulado BROCHAS PARA POLVOS ROSA.

El editorial mencionado es, al menos, el segundo ataque personal que usted me ha inferido, así como contra mi raza y el buen nombre de mi padre.

Usted abofetea a mi estirpe italiana; usted arroja el ridículo sobre mi apellido italiano; usted arroja dudas sobre mi virilidad.

A mi vez, yo le llamo pretencioso cobarde, y para demostrar cuál es más hombre de los dos, le desafío si no a un duelo al estilo clásico, que sería ilegal, sí a una prueba personal. En Illinois el boxeo es legal, lo mismo que la lucha libre. Por tanto, yo le reto a vérselas conmigo en el cuadrilátero, al estilo típicamente americano, demostrando así cuál es más hombre. Preferiría que esta prueba se realizara en privado, para poder darle el vapuleo que se merece, y por que quiero dejar bien aclarado que el desafío no lo hago con fines publicitarios en absoluto. Entregaré copias de este reto a los periódicos, sólo porque dudo de que la persona capaz de escribir de manera tan cobarde como usted conteste a mi reto, a menos que se vea obligado a hacerlo por la fuerza de la prensa. Ignoro su corpulencia, y su fuerza, pero este reto continuará en pie aunque fuese usted el mismo Jack Dempsey.

Estoy dispuesto a encontrarme con usted inmediatamente, o a concederle cierto tiempo para su entrenamiento, pues presumo que muscularmente será usted fofo y débil, a juzgar por su cobardía mental, aparte de tener que reemplazar el vitriolo de sus venas por sangre roja, si hay algún lugar de su cuerpo que pueda ya albergar sangre de ese color.

Quiero dejar bien sentado que no albergo malos sentimientos contra el Chicago Tribune, aunque me parezca un error confiar esta columna editorial a un «hombre» de su calaña. Mi reto es personal, contra el escritor de pluma venenosa que conserva aún prejuicios raciales y personales. Siempre recibo con gusto las críticas sobre mi labor de actor..., pero rechazo con todos los músculos de mi cuerpo los ataques contra mi virilidad y mi raza.

Esperando tener la oportunidad de demostrar que la muñeca que lleva en torno brazaletes pueda convertirse en un puño formidable contra una mandíbula cobarde, y poder al fin enseñarle a respetar a un hombre que prefiere conservar limpia la cara, le saluda con el Mayor de los Desprecios

RODOLFO VALENTINO.

Rudy pareció apaciguado después de haber contestado al periodista anónimo. Ullman, no obstante, le dijo que dudaba de que el escritor de *Tribune* aceptara el reto de Valentino.

—Rezaré para que lo acepte —repuso el joven—. Me encantaría aplastarle el rostro. Haría que todos los periódicos publicasen fotos mías, de pie sobre su machacado semblante. Esto le demostraría a ese hijo de puta que soy un verdadero hombre.

Cuando el tren llegó a Nueva York, otro escéptico había exigido pruebas tangibles de las habilidades pugilísticas de Valentino. Quien dudaba de las mismas merecía enfrentarse con Rudy en el cuadrilátero.

—Frank O'Neil, el experto en boxeo del *Evening Journal* de Nueva York, acaba de llamar —le contó Ullman a Valentino, mientras el artista descansaba en cama—. Dice que duda de tus habilidades pugilísticas y pregunta si te gustaría librar un par de asaltos con él.

Rudy se incorporó y entornó los párpados.

—Llámale y díle que acepto el desafío.

—No seas tonto, Rudy —quiso disuadirle Ullman—. O'Neil es corpulento y un experto en boxeo. Le dije que estabas cansado del viaje. En realidad, no esperaba que aceptases.

—¡Esto es lo grave! —gritó Valentino—. Todos creen que soy un marica que se comporta como un hombre en el cine, pero que soy incapaz de pegarle a una bolsa de papel en la vida real. Esta es la ocasión de demostrar mi virilidad. Llama a O'Neil y dile que me enfrentaré con él cuando y donde quiera.

El combate quedó convenido para aquella tarde, antes de cenar, en la terraza del hotel *Ambassador.* Valentino se aseguró de que la prensa estuviese debidamente representada y ordenó que se leyeran las medidas como si se tratara de un combate en regla.

Frank «Buck» O'Neil medía metro ochenta de estatura y pesaba ochenta y nueve kilos. Valentino medía metro setenta y seis de estatura y pesaba setenta y un kilos.

Los dos hombres boxearon suavemente al principio, tratando cada cual de tocar al contrario. Luego, O'Neil envió un zurdazo a la barbilla de Valentino que le obligó a retroceder tambaleándose. Rudy movió la cabeza como comprendiendo por primera vez que no había cámaras en acción y que no se trataba, por tanto, de una farsa. Entonces, apuntó un directo a la mandíbula de O'Neil. El periodista esquivó, pero el puño de Valentino se abatió sobre su sién y cayó de rodillas.

—¿Te encuentras bien, O'Neil? —preguntóle Valentino solícitamente—. Sentiría haberte hecho daño.

O'Neil calló, se puso de pie, y ambos volvieron a boxear, esta vez a fondo. El periodista no estaba en buena forma física y pronto empezó a resoplar. Valentino, aunque no exactamente un gran púgil, sí lo estaba. O'Neil empezó a emplear una táctica cerrada, intentando protegerse el cuerpo y el rostro. Con un amplio movimiento de brazos consiguió largar un directo a la nariz de Rudy, que hizo brotar lágrimas de los ojos del Gran Amador.

Después, Valentino inició un cuerpo a cuerpo, hasta que el experto en boxeo arrojó los guantes y jadeó:

—¡Al diablo con esto! De acuerdo, Valentino. Sabes boxear bien. Vámonos a cenar.

A la mañana siguiente, Rodolfo se mostró encantado con los comentarios de la prensa respecto al combate.

—Esto le enseñará algo a quien yo sé —rió.

Valentino desayunó velozmente, puesto que le aguardaba una mañana muy atareada. Su hermano Alberto, con los suyos, zarpaba para París en el buque *France*. Fue a despedir a los Guglielmi y luego, sin aguardar a que zarpase el barco, saltó a un taxi y se dirigió a otro muelle donde el general Nobile embarcaba en un transatlántico italiano. Ullman le había aconsejado que se dejara fotografiar estrechando las manos del atrevido aviador italiano, que acababa de cruzar felizmente el Polo Norte, lo cual aumentaría la fama viril de Rudy. Además, claro, nunca hace daño reconocer las proezas de un compatriota. Aunque Mussolini había prohibido la proyección de las películas de Valentino en Italia, en su propia patria, había muchos italianos en Norteamérica que aplaudían sus cintas.

Al día siguiente, se estrenó *El hijo del Caíd* en el teatro Mark Strand. A primera hora de la mañana ya estaba reunido allí el público, y cuando aquella tarde llegó Valentino, la doble cola abarcaba dos manzanas de casas en ambas direcciones.

Hacía una temperatura muy calurosa, con casi treinta y

ocho grados. Los policías temían algaradas por parte de las admiradoras del famoso galán, por lo que había un buen contingente de policía montada para vigilar que el Jeque no muriese aplastado bajo el embate de sus admiradoras.

Aileen Pringle, la hija de un gobernador inglés de Jamaica, muy popular como la bella protagonista de los romances cinematográficos de Elinor Glyn, fue quien acompañó a Valentino en aquel estreno.

El público se mostró muy entusiasmado con el trabajo de Rudy, y tras el FIN de la película, Valentino subió al escenario para pronunciar un pequeño discurso dando las gracias a la enfervorizada muchedumbre.

Las mujeres empezaron a gemir excitadamente, y Ullman temió por la seguridad de su representado. Tras llamar a un grupo de policías, Ullman utilizó su técnica favorita para esquivar a las masas: llevando a Rudy detrás, con las manos del actor sobre sus hombros, cargó contra las sollozantes mujeres, en busca del coche.

Muchas manos se abatieron sobre el ídolo, con ansias de apoderarse de una reliquia. Del bolsillo pectoral le robaron el pañuelo. Le arrancaron botones de la chaqueta. Le quitaron los gemelos de la camisa. Alguien le quitó el sombrero con un grito de triunfo. Al fín, llegaron al automóvil, custodiados por la policía, y se dirigieron acto seguido al hotel. Los jefes de la productora se sentirían muy complacidos al enterarse de que la presencia de Valentino estimulaba los ingresos en taquilla.

Aquella noche, Valentino fue en busca de Jean Acker a su casa y la llevó a una fiesta al famoso restaurante Texas Guinan. Los periodistas, que seguían fielmente todos los movimientos del Gran Amador, empezaron a preguntar a la pareja si los ex-cónyuges planeaban casarse nuevamente. Jean Acker se negó a contestar. Valentino afirmó que «siempre habían sido buenos amigos».

Rahmin Bey, un popular mago que actuaba en los clubs por aquella época, trabajaba a la sazón en el Texas Guinan, e inmediatamente reparó en Valentino.

Ante la delicia del auditorio, Rahmin Bey, con sus ropajes orientales, se acercó a Rudy y blandió una larga aguja ante su nariz.

—¿Querría el famoso Jeque someterse a la prueba de la aguja?

—¿Cuál es —rió Valentino— tal prueba?

—Pasaré esta aguja a través de tu mejilla sin producirte el menor dolor y sin que caiga una sola gota de sangre. Has de creer en los poderes del gran Rahmin Bey.

—Muy bien —accedió Rudy—. Confío en tus poderes.

—¡Oh, no, no! —gritó Ullman, colocando una mano sobre el brazo de Valentino.

Rudy volvió el rostro para burlarse del temor de Ullman, el cual le sonrió torpemente.

—¿Sabes cómo me llaman? —le susurró Valentino—. Valentino, el cobarde; Valentino, el guapo jardinero. Yo les demostraré que nada me asusta.

Retiró el brazo y se levantó.

—Vamos, Rahmin Bey. Ven con tu aguja. Pero —añadió, quitándose el smoking—, te contentarás con mi brazo. Mi agente teme por sus inversiones.

Todo el mundo se echó a reír ante la agudeza del astro. Rudy se subió la manga de su camisa y ofreció su brazo al fakir, el cual, con un golpe rápido, ensartó el antebrazo del actor con la aguja, y luego la retiró de igual manera. El público dejó oír un murmullo de admiración.

—¿Sentiste dolor? ¿Ha habido sangre? —inquirió el mago.

Valentino rió y levantó el brazo.

—Ni dolor ni sangre —exclamó, ganándose un delirante aplauso de los asistentes.

—No te bajes la manga —le susurró Ullman—. He enviado al camarero en busca de alcohol. No quiero arriesgarme a una infección por si hubiese algunos gérmenes en esa maldita aguja.

A la semana siguiente, Valentino salió para Chicago. Todavía no había respuesta del editorialista anónimo del *Chicago Tribune,* y Rudy se vio asediado incesantemente por los periodistas deportivos, que deseaban un relato personal del Gran Amador respecto a lo que le haría a aquel «despreciable cobarde» si conseguía enfrentársele.

Siempre ávido de demostrar sus proezas atléticas, Rudy

convocó una conferencia de prensa en un gimnasio y respondió a todas las greguntas asestando golpes muy rápidos a una bolsa de arena. Hacía ya dos semanas que había lanzado su reto, dijo Valentino al término de la entrevista, de manera que era llegado el momento de repartir unas copias de la declaración preparada a tal fín.

Es evidente que resulta imposible lograr que un cobarde pelee, lo mismo que lo es sacar sangre de una remolacha. El heroico silencio del escritor que decidió atacarme sin provocación alguna por mi parte, desde el Chicago Tribune, no deja la menor duda respecto a la ausencia total de virilidad en su débil constitución.

Me he considerado vengado porque intuyo este silencio como una retractación tácita y una admisión de culpa, que me veo obligado a aceptar aunque no sea enteramente de mi agrado.

Los periodistas a quienes he tenido el privilegio de conocer largo o corto tiempo han sido siempre tan justos y leales en sus publicaciones y en su profesión, que apenas tengo que aclarar que la suya constituye la única excepción de toda la profesión periodística.

El estreno en Chicago de *El hijo de Caíd* todavía obtuvo más éxito que en Nueva York. Los habitantes de la ciudad estaban impresionados por la valentía del Jeque, y en aquella ocasión había más hombres haciendo cola que en sus anteriores películas. La Asociación de la Prensa había dado amplia difusión al segundo desafío de Rudy contra su anónimo asaltante, y todo el asunto tuvo un final mucho más feliz de lo que sus consejeros habían anticipado. La United Artists estaba especialmente complacida. Las películas de Valentino arrojaban buenos ingresos de taquilla, y cuanta más excitación creara el viaje del actor, mayores eran las oportunidades de promocionar excepcionalmente su última película.

De nuevo en el Este, o sea en Nueva York, Rudy se trasladó a Atlantic City, donde su viejo amigo Gus Edwards dirigía una de sus famosas revistas. Edwards le había suplicado a Valentino que apareciese por el Ritz-Carlton después de asistir a una proyección de *El hijo del Caid* en el Teatro Virginia.

Rudy llegó al hotel quince minutos más tarde de lo prometido. Edwards estaba paseándose nerviosamente por la pista, porque le había comunicado a los asistentes que Valentino les saludaría personalmente aquella noche. El presentador estaba explicando chistes ante el micrófono, intentando distraer al público, al que se había prometido la asistencia del *Jeque.*

Valentino apareció por detrás del presentador y le palmeó el hombro en mitad de un chiste. Ante los histéricos aplausos del auditorio, Gus Edwards entregó a Valentino un par de guantes de boxeo, por si el editorialista de Chicago aceptaba el reto. Luego, a petición del propio Edwards, Rudy bailó el tango con una bailarina de la revista. Era la última vez que Rodolfo Valentino actuaba en público.

Rudy tenía por delante desde el 2 de agosto al 16 del mismo mes para descansar en Nueva York, e intentó aprovecharse de aquellas vacaciones. Aunque en algunas ocasiones el dolor de sus úlceras era casi insoportable, siempre se negaba a renunciar a sus planes para sus veladas. A menudo las iniciaba cenando con Jean Acker, y luego la acompañaba a casa, con el tiempo justo para reunirse con una de las chicas de Follíes, para bailar hasta el amanecer.

Una mañana, Rudy, ataviado aún con el esmoquin, y un vaso de agua de Vichy en la mano, despertó a Ullman.

—¿Quieres un poco de agua? —le preguntó Valentino a su agente.

Ullman parpadeó, sin saber a qué venía aquel servicio especial.

—Oh, pensé que tendrías sed —sonrió Rudy.

—¿Quieres decir que me brindas la paz con el agua? —sonrió a su vez Ullman—. No quieres que te riña por llegar a las cinco de la mañana ¿eh?

—Bueno —admitió Valentino—. Quería rogarte que no me moleste nadie hasta mediodía. A la una almuerzo con Jean.

Los amigos, que estaban al corriente de las úlceras de Valentino, le aconsejaban que descansara más.

—¡No! —exclamaba siempre el actor—. Necesito una fiesta cada noche y una chica en cada fiesta. Los periódicos han de hablar de la vida nocturna de Valentino. Nadie podrá decir que soy un afeminado cuando se enteren de mis escapadas nocturnas. ¡Sabrán que soy un verdadero hombre, dispuesto a todo!

La lucha patética de Valentino para demostrar su virilidad fue una orgía incesante de disipación que no sólo agotó sus últimas fuerzas, sino que avivó aún más las llagas que vorazmente le consumían sus entrañas. La noche del 14 de agosto de 1926, Valentino no hizo caso de los consejos de Ullman para que gozase de una noche de sueño reparador antes de iniciar otra serie de apariciones personales, y salió para una fiesta que duró hasta las diez de la mañana del día siguiente, sábado. Rudy apenas logró llegar a su habitación del hotel, y una vez allí cayó sobre la cama sin desnudarse. Estaba completamente agotado.

Lo trasladaron al Hospital Policlínico, en el que a las seis de la tarde se le practicó una operación gástrica y una apendectomía. Valentino sobrevivió a la intervención, pero al cabo de unos días apareció la peritonitis. Las oraciones de las multitudes implorantes fueron en vano. El 23 de agosto, un boletín de la International News Service lanzó la noticia a un público compuesto por admiradoras femeninas e imitadores del Jeque.

Estado de Rodolfo Valentino en el día de hoy:

Medianoche. — Valentino gravemente enfermo. Se muere lentamente. A esta hora duerme. Se le han inyectado en el pecho soluciones salinas. Se extiende la pleuresía.

2 madrugada. — Continúa durmiendo.

4 madrugada. — Sin cambio apreciable.

6 madrugada. — Continúa durmiendo, con ligera desazón.

7 madrugada. — Temperatura 38 grados, pulso 130, respiración 30.

9 mañana. — Despierto. No parece comprender su estado crítico. La temperatura ha subido medio grado.

11 mañana. — Según sus médicos, Valentino está agonizando.

12,10 mañana. — Valentino ha muerto.

Casi antes de morir, los agentes de prensa ya estaban asegurándose de que su nombre siguiese vivo. La United Artists había pasado por un breve momento de pánico al enterarse de que su super-estrella había fallecido. El público es impredecible. ¿Se negaría a ver la última película de Valentino, ahora que era ya un éxito? Se celebró una apresurada conferencia en los Estudios, debido a una doble causa: la productora necesitaba resarcirse de su inversión en la cinta; y a toda costa, por todos los medios posibles, había que conservar la tensión emocional del público ante la pérdida de su ídolo al menos durante una semana.

Oscar Doob, jefe de propaganda de la United Artists, decidió que lo mejor para empezar sería publicar las «últimas palabras» de Valentino. Según uno de los médicos que habían asistido al joven actor, Rudy sólo había musitado palabras italianas casi initeligibles, a partir de las seis y media de la tarde del día en que murió. Ullman, incapaz de seguir tantas horas al lado del enfermo, no estaba presente cuando falleció su representado. Era la productora, declaró Doob, la que debía inventar una frase memorable como la póstuma pronunciada por el Gran Amador.

Según el artículo de M. M. Marberry, «El superamado», que apareció en el ejemplar de agosto de 1965, de la *American Heritage:*

«Doob declaró solemnemente: «¡Que ataquen la tienda!». Esta fue considerada un digno mensaje de muerte con una nota literaria. Poseía el indudable encanto de recordarle al público la tienda árabe donde el *Hijo del Caid* amaba a Vilma Banky, la ardiente Paprika húngara. (También había una canción popular de la época, «El jeque de Arabia»).

«Sin embargo, antes de que la frase llegara a la imprenta, un agente publicitario recordó que la frase era casi idéntica a la proferida en 1870 por Robert E. Lee en su lecho de muerte. Rápidamente, corrigieron el mensaje póstumo de Valentino. La frase la había oído un interno poco familiarizado con el idioma inglés. Lo que Valentino había dicho realmente era: «¡Quiero que el sol me salude...! ¡No bajéis las persianas!».

«Se temió que estas últimas palabras fuesen demasiado elaboradas como declaración póstuma..., aparte de ser una imitación de la última exclamación de Goethe *(«Mehr Licht.» ¡Más luz!),* pero ante el alivio de Doob, la frase llegó al corazón del gran público y fue transmitida al mundo entero.»

Cuando Ullman decidió escribir su biografía del actor, también «recordó» las últimas palabras de Valentino. Como cuenta Ullman, había observado que un rayo de luz incidía sobre el rostro del actor y se levantó para ajustar la persiana. Fue entonces cuando Valentino susurró sus últimas palabras: «¡No bajéis las persianas! Estoy bien. Quiero que me salude la luz del sol.»

La procesión organizada por los agentes publicitarios del funeral de Rodolfo Valentino, que desbordó las ansias exhibicionistas de toda la nación, fue tan minuciosamente preparada como todas las películas épicas del Gran Amador. Y, lo mismo que en vida, Valentino sirvió sólo como instrumento bondadoso y eficaz en manos de los Grandes Manipuladores de la industria del cine.

18

«Valentino vive en espíritu». Lea la apasionante historia de *Rodolfo Valentino es mi amigo espiritual.* 1,95 $... N.º C O D. (Anuncio clasificado en un libro de astrología de 1965).

Cincuenta años de distancia no han disminuído todavía el magnetismo de Valentino conservado en los innumerables cultos, clubs y fundaciones que todavía ostentan su nombre. Pero la imagen brillante del Valentino que vive sin envejecer en los corazones de sus viejas admiradoras se parece tanto al hombre como el arcángel Gabriel se asemeja al Angel Caído de Miguel Angel. Rodolfo Valentino, en muerte, asistió a una metamorfosis, a una santidad especial que exigía una estricta obediencia por parte de los que pedían su intercesión. Su recuerdo sigue vivo.

Al extraño culto de los necrófilos se le otorgó el mayor bombo poco después de la muerte del Gran Amador, cuanto

Natacha regresó a Estados Unidos. La joven consiguió consolar a las admiradoras consumidas por el pesar y obtener un lugar destacado en las primeras planas de los periódicos, al declarar que había recibido, y seguía recibiendo, mensajes del espíritu de Valentino.

Las comunicaciones, contó a la prensa, empezaron tres días después del óbito del actor, estando ella aún en el sur de Europa. Con la ayuda de George B. Wehner, un conocido medium, ella consiguió llevar a cabo conversaciones prolijas con su esposo. Era natural, explicó, que Rudy la escogiese como el instrumento ideal para transmitir sus mensajes de consuelo espiritual, puesto que sus psiquis habían estado tan interrelacionadas en la Tierra.

Photoplay creyó su deber interrogar a la psíquicamente sintonizada Natacha Rambova y publicar los resultados de la encuesta atral.

¿Es feliz Valentino?

Al principio, no. Tres días después de su paso a la otra vida, recibí su primer mensaje. A pesar de su incoherencia, desmotraba que Rudy se hallaba resentido y amargado por haber sido llevado al otro mundo en la cúspide de su carrera. También habló el espíritu de su madre para protestar ante la terrible desdicha de su hijo. Luego, cambió el tono de los mensajes. Pero no antes del entierro en Hollywood. La concentración del público le mantenía atado a la Tierra. El prolongado funeral le había retenido en las agonías del traspaso espiritual.

Rudy, claro, asistió a su funeral. Y quedó cruelmente herido al comprobar cómo luchaban las multitudes de Nueva York por ver su cadáver. Entonces se dio cuenta como nunca de su enorme popularidad, y supo lo que acababa de perder. Para él fue algo maravilloso, aunque también cruel...

¿Con quién se ha encontrado?

Nombró a Wallace Reid, Barbara La Marr y el pequeño Olive Thomas. Está interesado en ver y conocer a Enrico Caruso... Rudy se ha encontrado asimismo con amigos personales con quienes solíamos comunicarnos por medio de la escritura automática.

Valentino ha dicho que ya no hay películas. ¿Por qué?

Porque las películas son una perversión mecánica del drama. En el mundo astral no hay nada mecánico...

¿Qué éxito terrenal recuerda ahora Valentino?

Al principio, todos. Rudy se paseó por los cines donde exhibían su último film. Visitó viejos rincones de Broadway, particularmente por la calle 47, donde pasaba tantas horas libres en sus tiempos de bailarín. Sufrió, porque sus viejos amigos pasaban por su lado sin reconocerle. Gritaba «¡Soy Rodolfo Valentino!», pero no le oían. Le costó mucho entenderlo. Estaba vivo, pero en una vibración diferente. Al crecer Rudy en el conocimiento astral, estos recuerdos terrenales han perdido ya su atractivo. El viejo encanto de la Tierra se desvanece en él. Nuestro mundo se debilita a sus ojos.

¿ENVIÓ VALENTINO ALGÚN MENSAJE PARA SU INMENSA COHORTE DE ADMIRADORAS?

Sí. Envió un mensaje para todo el mundo. Quiere que la gente de la Tierra sepa y comprenda que no hay muerte ni separación. Quiere que la gente de la Tierra eche de menos su experiencia de rendir corazones. Quiere que todo el mundo comprenda y crea en la belleza y perfección de la otra vida.

Natacha interpretó su nuevo papel de la sacerdotisa del culto a Valentino con toda perfección. Su afición a los ropajes orientales y su perpetua inclinación al ocultismo le habían proporcionado una base sólida en el tema del mediumnismo. Asimismo, su matrimonio terrenal de conveniencia con el actor parecía otorgarle una prerrogativa innegable para recibir sus mensajes espirituales. Los cínicos recordaban cómo había dominado a Valentino y declararon que si alguien podía exigir la materialización de Valentino desde el otro mundo, ciertamente era Natacha. En vida, Valentino sólo había sido un puñado de arcilla en sus ambiciosas manos. Ella había tratado de moldear una pieza maestra en su esposo, y había dictado sus deseos a todo el mundo, desde el cameraman al director. Y ahora, de nuevo, quería hacer de Valentino lo que más le complaciera; su recuerdo sería tan maleable como el hombre.

Cuando se subastaron los efectos personales de Valentino, en diciembre de 1926, la muchedumbre estuvo compuesta principalmente por necrófilos que buscaban un recuerdo de su ídolo. Cuando se abrieron las puertas del Salón de Arte, cuarenta y cinco policías fueron casi barridos por las mujeres que penetraron en el edificio, y todas las sillas quedaron ocupadas instantáneamente.

—¡Basta ya! —tronó un sargento de policía.

Pero su orden apenas se oyó por encima del tumulto de la multitud, y quienes la oyeron la ignoraron. A. L. Wooldridge fue el periodista que estuvo en la subasta en representación de la revista *Picture Play* y su artículo apareció en mes de abril de 1927.

La muchedumbre se agolpaba a las puertas, bloqueaba la acera, se empujaba hacia la calzada. Las mujeres permanecían con la cara pegada a los escaparates, en tanto otras aguzaban el oído para escuchar la voz del subastador a medida que se ponían en venta las posesiones de Valentino.

La mayoría de objetos sólo obtuvo una mínima parte de lo que Valentino había pagado por ellos. Un piano consiguió dos mil cien dólares; y una mesita para whisky, de plata repujada, veintisiete. Un chal español por el que Valentino había pagado dos mil dólares fue adquirido por F. W. Vincent por trescientos treinta. Un tapiz de oro y plata que había costado veinte mil dólares fue vendido por dos mil novecientos... El dormitorio de Valentino, que a éste le había costado casi una fortuna, fue vendido a la señora Frank McCoy de Los Angeles por ochocientos setenta y cinco dólares. Theresa Werner, tía de Natacha Rambova, y una heredera según el testamento de su sobrino político, compró un libro sobre vestidos orientales por trescientos dólares... El servicio de plata compuesto por doscientas veinticinco piezas lo adquirió la señora de Tom Santschi por quinientos quince dólares.

Adolfo Menjou pagó trescientos noventa por un gabinete antiguo y setecientos cincuenta por un biombo español.

Hasta última hora de la tarde de aquel día, la voz del subastador siguió runruneando respecto a las preciosas pertenencias del difunto astro. Se esperaba que la subasta durara al menos dos semanas, por lo que nadie tenía prisa.

Se produjo un gran rumor cuando dejaron sobre la mesa una de las posesiones más valiosas de Valentino. Era la mano esculpida del actor, tallada en mármol blanco y montada sobre un bloque de mármol negro, mostrando en su palma la línea de la vida rota. La mano la había esculpido el príncipe Troubetzky, gran amigo de Valentino. El dedo índice apuntaba hacia arriba, como si el espíritu del muerto hubiese vuelto para impedir el reparto de todo lo que tanto amaba.

La puja de la mano de mármol no empezó bien. Parecía como si la gente la considerase un talismán..., con la línea de la vida interrumpida, el gesto de protesta... Sin embargo, la compró una mujer por ciento cincuenta dólares.

Cuando abrieron el joyero de Valentino, quedó al descubierto un conjunto deslumbrante de gemas valiosísimas. Quince sortijas, desde una diadema oriental con un ojo de gato de veinte quilates a un diamante engarzado en platino de seis quilates, alfileres de corbata, gemelos y botonaduras de camisa con rubíes, zafiros, esmeraldas, perlas y diamantes. Había relojes de pulsera y de bolsillo... una pitillera, caja de cerillas y boquilla formando un conjunto, de platino y oro blanco. En la parte delantera de la pitillera había diamantes montados en forma de cobra, y en la parte de atrás el monograma de Valentino de igual manera...

Quedó de manifiesto que dejó en el guardarropas algunos recuerdos de su primer éxito, que a Valentino le habían entusiasmado. Allí estaban, por ejemplo, los dos sombreros argentinos que había lucido en Los cuatro jinetes. *Y también el traje de luces, magníficamente bordado, que vistió en* Sangre y arena. *Además, la casaca, los pantalones y el chaleco utilizados en* Monsieur Beaucaire.

Las admiradoras que buscaban reliquias de su dios del amor en la subasta no se habían mostrado interesadas por las primeras realizadas: la casa de Valentino, sus coches, sus caballos, sus sillas de montar, sus arneses y los tres perros. Todo lo cual produjo un total de ciento ochenta y dos mil setenta y cinco dólares con cincuenta centavos. Con envidia comprensible, suspiraron al enterarse de que Jules Howard, un joyero de Nueva York, había adquirido «Nido de halcón» por ciento cuarenta y cinco mil dólares (en la actualidad, la mansión es propiedad de Doris Duke). Naturalmente, la finca, los automóviles y los animales eran demasiado caros para las admiradoras. Además, había los objetos íntimos que contenían el aura del verdadero Rudy. Se ha dicho a menudo que el surtido guardarropa de Valentino le convirtió en el actor mejor ataviado de Hollywood. Cualquier prenda que hubiese ocupado el físico de Valentino una sola vez habría llevado al éxtasis a sus admiradoras. Ullman, no obstante, declinó ponerlas en subasta.

—No puedo hacerlo —explicó a las desoladas mujeres—. Estas prendas casi me hablan. Antes de cederlas a nadie, las compraré yo.

El inesperado acto de sentimentalismo por parte de Ullman impidió una gran variedad de experiencias religiosas por parte de las innumerables mujeres que las habrían adquirido, cuidado y entronizado. Había casi dos mil prendas personales, que Valentino poseía en el instante de su muerte. Las matronas dispuestas a comprar uno cualquiera de los treinta trajes del Gran Amador, de los tres abrigos de viaje o de los sesenta pares de guantes, como legado para una hija, se marcharon de allí apesadumbradas. Las jóvenes que habían economizado el dinero del almuerzo para adquirir uno de los seis pares de fajas de seda de Valentino, de sus diez pares de suspensorios o de sus ciento once corbatas, abandonaron la subasta al instante en busca de más comida. Los nuevos *jeques* que deseaban poseer uno de los siete trajes Palm Beach del Maestro, de los ciento diez pañuelos de seda o de los cincuenta y nueve pares de zapatos, se retiraron gruñendo su desencanto. Doncellas y solteronas severamente ataviadas, que habían esperado hallar una comunión espiritual con uno de los seis pijamas japoneses de su Gran Amador, de sus diecisiete calzoncillos blancos o de sus sesenta y seis camisetas de seda, rápidamente salieron de la subasta con los labios apreta-

A
RODOLFO VALENTINO

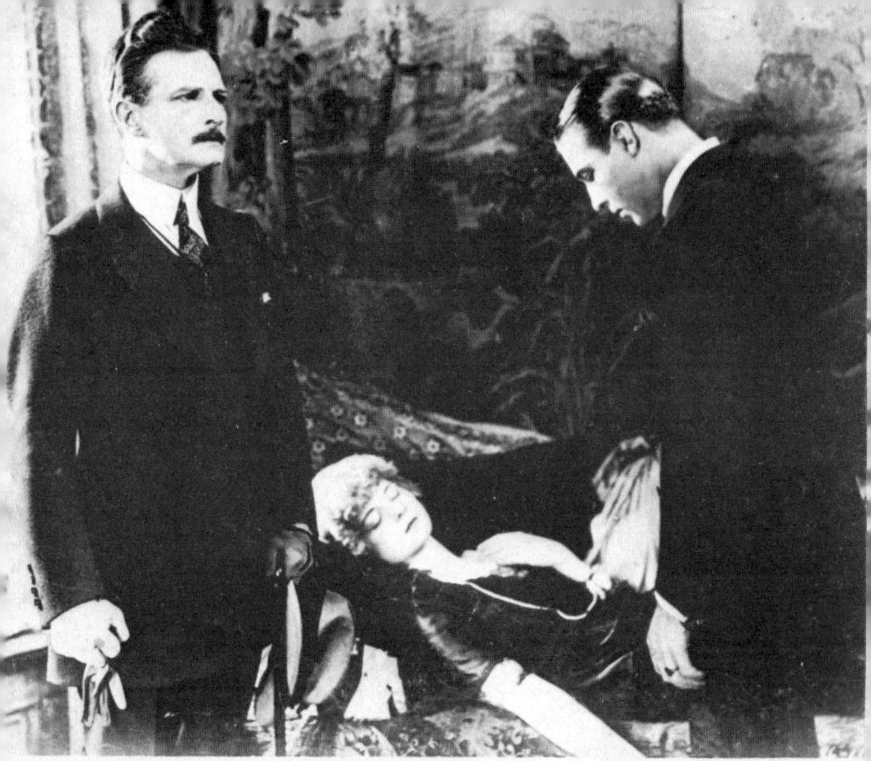

dos, lo cual pregonaba su frustración.

Las cartas dirigidas a Valentino continuaban llegando a los Estudios, pidiendo retratos del «mayor amador del mundo». Las noticias empezaron a ofrecer relatos morbosos de jóvenes que habían saltado por acantilados y ventanas de hotel, o que se habían arrojado al paso de automóviles y trenes; que se habían abierto las venas en las bañeras, o buscado otras formas de suicidio para «reunirse con Rudy». Una joven esposa de Budapest se rodeó de retratos de su ídolo, y se mató, dejando una nota en la que decía que iba «a juntarse con Valentino en el cielo». Su esposo hizo cuanto pudo para impedir tal necedad, pero ningún marido puede competir con un recuerdo tan poderoso.

Empezaron a circular historias extrañas en el sentido de que la sombra de Valentino tenía embrujados los rincones favoritos del actor. «Nido de halcón» fue el lugar más popular para las manifestaciones de la «presencia» del Gran Amador. Los que conseguían una invitación para pasar la noche en la lujosa mansión que su ídolo había reconstruido y amueblado, siempre intentaban dormir en la habitación de Valentino. Permanecían despiertos la noche entera, dispuestos a recibir cualquier mensaque que él pudiera darles. De no manifestarse, estaban dispuestos a creer que no habían elegido la noche más propicia. Todas las admiradoras de Valentino sabían que Rudy había creído en la vuelta del espíritu. Natacha Rambova le había imbuido tal creencia y la había comentado con él después de su muerte.

Los mediums, los místicos y las sacerdotisas del culto a Valentino encontraron muy significativo que el joyero que pujó en primer lugar para adquirir la mansión se negara después a finalizar la transacción. El espíritu de Valentino, afimaron, no deseaba que la ocupasen con una presencia física. Que la mansión tan artísticamente decorada quedase sin vender era un testimonio mudo de que la sombra de Valentino deseaba que fuese sólo un lugar de peregrinaje. Los compradores en perspectiva la visitaban, decían los ocultistas, y se marchaban sin volver para un segundo exámen.

Por Hollywood corrió el rumor de que un jardinero había descendido por el cañón en medio de la noche gritando que había visto a Valentino. Otro se refería al mozo de cuadras, que había huido sin llevarse sus cosas porque había visto a su amo acariciando a uno de sus caballos poco antes de anochecer.

Después, hubo la mujer de Seattle que había subido a ver a los jardineros a sus aposentos de encima del garaje, al fondo de la casa principal. Sus amigos salieron al anochecer para pasear a «Rudy» y «Bownie», los dos grandes daneses que habían pertenecido al actor. Ella estaba escribiendo una carta en un cuarto interior.

Se detuvo, soltó la pluma y la tinta manchó el papel. Acababa de oir unos pasos en la escalera. Se abrió una puerta interior. Pensando que eran los jardineros, los llamó por su nombre. No hubo respuesta. Se cerró la puerta y se alejaron los pasos. Se cerró asimismo la puerta del garaje.

Tres minutos más tarde, los jardineros estaban de vuelta.

—¿Por qué no habéis contestado cuando al subir os he llamado? —les increpó.

—¿Cuando subimos? Nadie ha subido. Usted ha soñado —fue la respuesta.

Ante la insistencia de la mujer, efectuaron una investigación. Nadie podía haber trepado por la cuesta del cañón sin pasar por delante de los jardineros con los perros. Nadie podía haberse escondido en la casa sin ser descubierto.

Dos días más tarde, los jardineros se marcharon de Seattle.

En agosto de 1927, se celebró el primer funeral en memoria de Rodolfo Valentino en la iglesia del Bendito Sacramento, de Hollywood. Jeanne Anderson, periodista principiante que anteriormente había ganado una competición Valentino llevada a cabo por la revista *Screenland*, asistió para registrar las impresiones de los asistentes.

Había algo raro en la multitud, para quien está habituado a «sentir» a la muchedumbre en ocasiones como ésta. Un ambiente de sinceridad y propósito sosegado. Una ausencia de rostros hoscos, curiosos, tontos, de cuellos alargados y de susurros. Unas personas bien equilibradas, de tono medio, que abandonaron sus tareas cotidianas y viajaron bajo el sol y el calor por motivos que para ellos eran buenos y suficientes. Pude ver a una mujer ya mayor, ataviada de negro, con su libro de rezos en su mano enguantada, tan típica...

Pero detrás se hallaba una joven delgada que llevaba un vestido barato y unas pieles. Y a su lado una mujer gruesa, con un vestido muy lavado, zapatones pesados, la cual sujetaba con sus manazas rojas un bolso viejo. No hace falta mucha imaginación para verla inclinada sobre las bañeras de otras personas, y comprender que por asistir a aquel servicio perdía cincuenta centavos por hora.

«Nido de halcón»... antes del crepúsculo. Sus blancos muros elevándose orgullosamente sobre una alfombra de flores color rosa, que se extiende a través de las rocas.

Su vista, y nosotros, no él, aquí. ¡Algo desastroso con el Gran Plan!

El crepúsculo, y las luces mucho más abajo. El insistente y monótono grito de un pájaro entre los árboles. El silencio resulta opresivo, casi una orden. Los románticos arrancan del suelo algún trébol blanco, y se dirigen lentamente hacia la salida.

El culto a Valentino, con servicios en su memoria, no quedó limitado a Estados Unidos. El *Literary Digest* del 20 de agosto de 1927 reproducía un largo artículo del *Daily Express* de Londres, como demostración de que las mujeres de Inglaterra estaban tan afligidas con su obsesión por Valentino como sus hermanas americanas. El artículo hablaba de un «servicio en memoria de Valentino», celebrado en el Shepherd's Bush Pavilion de Londres, dispuesto por la Fundación Valentino y el Fondo Internacional Valentino.

La Fundación se inauguró para perpetuar el recuerdo de Valentino, mediante reestrenos de sus películas, y destinar las recaudaciones a obras de caridad que interesaban al ídolo en vida. El otro organismo tenía por misión hacer perenne el recuerdo de Valentino de forma más tangible, por ejemplo fundando un hospital para niños.

El *Daily Express* comentaba:

«Nunca hubo nada en la historia del teatro o del cine que iguale a la apasionada sinceridad de la devoción que Valentino sigue evocando en sus innumerables admiradoras.»

Según el periodista londinense que asistió al homenaje, varias mujeres habían erigido capillas dedicadas a Valentino en sus dormitorios. Otras mantenían flores ante su retrato enmarcado. Una mujer guardaba una de sus viejas camisas en un ataúd con bordados de oro. Todas ellas, casadas, solteras, jóvenes, de mediana edad y viejas, estaban unidas por el propósito común de defender el nombre de Valentino contra los sarcasmos de los cínicos.

En un intento por analizar el creciente fenómeno de la mística por Valentino, el *Daily Express* añadía:

«Le admiran porque, según la técnica que creó en el cine como amante, no sólo sabía cómo amar sino cómo adorar.

»Valentino fue un adorador de las mujeres, y éstas, a su vez, adoraban a Valentino.»

Las inglesas escogieron el «slogan» *toujours fidèle* (siempre fiel), para expresar su unión personal con el Gran Amador. Las de más talento compusieron canciones de acuerdo con las cuales Valentino se asomaba desde el cielo y afirmaba que podía perdonarse a sus críticos y detractores porque «no saben lo que se hacen».

Uno de sus miembros escribió en un periódico inglés:

«Estoy segura de que de no haber sido Rodolfo Valentino tan sensible a los críticos que le tildaban de afeminado, hoy día aún viviría. El precio que pagó por su fama fue la muerte.»

La gentil inglesa se habría sentido muy desilusionada de haber podido asistir a otro «servicio» que tuvo lugar en Los Angeles, en un club nocturno, a cargo de un grupo numeroso de homosexuales. Los allí reunidos siempre habían considerado a Valentino como «uno de los suyos». Varios lucían trajes que recordaban los papeles más populares del ídolo y un joven latino emuló con un compañero travestí, la interpretación que hacía Rudy del tango. El «elogio» del servicio lo efectuó un bailarín que afirmó haber conocido «muy bien» a Rodolfo Valentino. Describió un incidente oral con Rudy como «la comunicación divina con un dios», y en su cuello lucía un medallón en el que guardaba, al parecer, «varios pelos de la ingle del Maestro».

El 23 de agosto de 1928, apareció la primera dama enlutada, de rodillas ante el mausoleo de Valentino, y dejó allí sus lágrimas y sus flores. En su libro de actos increíbles, Curtid Mac Dougal habla de la misteriosa mujer como «una invención de un agente publicitario al que se le fue la mano». Según él, Russell Birdwell fue el responsable de toda la leyenda, al contratar a una chica desconocida, que debía arrodillarse ante la tumba de Valentino, para la filmación de un corto titulado *El otro lado de Hollywood (o la otra cara)*, que obtuvo gran éxito.

La narración necesitaba el mito de la misteriosa «dama de negro» que llegaba, al amanecer, cada 23 de agosto para rezar, llorar y marcharse en silencio. Ante el gran asombro de Birdwell, en los años sucesivos siempre apareció una mujer enlutada ante la tumba del actor. En su columna del 14 de febrero de 1940, Gedda Hopper afirmó que todo era una añagaza para animar a sus admiradoras a depositar flores en la tumba de Valentino, como propaganda para la temporada floral.

La más insistente de las damas de negro es la señorita Ditre Flame, que afirma ser la «auténtica» y «original» portadora de las trece rosas: doce rojas y una blanca.

—Durante los tres primeros años visité la tumba diariamente —afirmó la Flame—, y luego sólo en el aniversario de su muerte.

«Al principio, todo el mundo creía que yo sólo era un ardid publicitario, pero cuando me entrevistaron los periodistas les conté la historia... «nuestra historia». Conocí a Valentino cuando era bailarín en Nueva York. Yo sólo tenía catorce años. Una vez me puse muy enferma y Rudy fue a verme al hospital. Inmediatamente pareció intuir que yo había pensado en la muerte.

»—No morirás —me aseguró. Y añadió con expresión divertida—: Pero si mueres, no estarás sola. Yo te llevaré flores todos los días. Rosas rojas. Mas recuerda que si yo muero antes, tampoco me gustará estar solo.»

El 24 de agosto de 1951, el *Examiner* de Los Angeles publicó un artículo referente a las visitas anuales de la señorita Flame a la tumba de Valentino. Antes de que la «Dama de Negro» llegara al cementerio de Hollywood para acudir al veinticinco aniversario de la muerte de Rudy, dos adolescentes estuvieron allí con trajes marroquíes para presentar sus respetos a su «ídolo de la televisión». Una espiritista suiza, Amanna Tennarose, pronunció un discurso de diez minutos, explicando cómo había conocido a Valentino «diez años antes». Dijo que se lo había presentado un poeta persa, también fallecido. La multitud de turistas adoradores, periodistas y curiosos continuó viendo reforzado su interés con la llegada de otras «Damas de negro» cada media hora.

Luego, a mediodía, llegó la señorita Flame en un coche con chófer. Llevaba el tradicional ramillete de rosas, doce rojas y una blanca, que colocó en dos jarros que flanqueaban la tumba de su ídolo (quitando antes las flores dejadas por las otras «Damas de negro»). Descubrió un retrato de tamaño natural de Valentino y un busto de bronce que ofreció como obsequios al cementerio. Un cantor callejero distribuyó copias de la canción *Candlelight,* de la Ditre, con versos sacados de un poema de Valentino dedicado a ella.

«Tu amor ha encendido mil cirios en mi alma», consiguió recitar la Dama de Negro, a modo de breve elogio, antes de desmayarse.

Apenas había recobrado el conocimiento la señorita Flame, cuando Anthony Dexter, un imitador de Valentino que le había interpretado en una mala biografía filmada del Gran Amador, llegó con caftán y pantalones morunos desde los estudios donde rodaba otra película, otra mala imitación del Jeque. Confrontada con aquella aparición personal, la señorita Flame volvió a desmayarse.

Cuando al fin la Ditre recobró su compostura, según el *Examiner* suspiró:

—Sé que dirán que es un truco publicitario, pero realmente no lo es. Me he sentido abrumada por todo esto.

Las mujeres se han sentido «abrumadas por todo esto» desde que Valentino hizo el papel de Julio en *Los cuatro jinetes del Apocalipsis* y se aseguró después su lugar en la galaxia de Hollywood al interpretar al joven Jeque. Aquellos papeles lograron que las mujeres suspirasen en las butacas de los cines y sus acompañantes masculinos gruñeran de enojo. Pero por muy empecinados que fuesen sus detractores, ninguno pudo negar que Valentino llegó a la cúspide de la fama en los años veinte como ningún otro hombre de su época. Tuvo la desgracia, no obstante, de convertirse en el símbolo sexual de una edad avanzada y de experimentar una agonía que H. L. Mencken describió como la «de un hombre de sentimientos relativamente civilizados, inmerso en una situación de vulgaridad intolerable.»

Una vez, en una carta dirigida a Chaw Mank, redactada mientras descansaba al sol, Valentino escribió:

Abandono con dificultad mi reposo bajo el sol..., un lugar en el sol... Siempre me ha gustado el sonido de esta frase. Creo que resume en unas cuantas palabras una filosofía definitiva de paz y felicidad. ¿Qué más puede desearse? Ni murallas ni castillos ni mansiones con torreones ni el terciopelo de los ricos. Un lugar en el sol es el derecho que tienen al nacer los hombres y las mujeres.

El romántico joven de Castellaneta pagó un elevado precio por «su lugar en el sol».

INDICE

Indice de ilustraciones

Filmografía de RODOLFO VALENTINO

Año	*Título original*	*Título español*
1918	*Foolish Virgins*	
1919	*Out of the Luck*	De mal agüero
1919	*Eyes of Youth*	Juventud dorada
1920	*Passions Playground*	La culpa ajena
1921	*The Four Horsemen of the Apocalypse*	Los cuatro jinetes del Apocalipsis
1921	*Camille*	La dama de las camelias
1921	*The Sheik*	El Caíd
1921	*The Conquering Power*	Eugenia Grandet
1922	*Moral of the Lady Letty*	El grumete del velero
1922	*Beyond the Rocks*	Más fuerte que su amor
1923	*Blood and Sand*	Sangre y arena
1923	*The Young Rajah*	El rajá de Dharmagar
1924	*Monsieur Beaucaire*	Monsieur Beaucaire
1924	*A Sainted Devil*	El diablo santificado
1925	*Cobra*	Cobra
1926	*The Eagle*	El águila negra
1926	*The Son of the Sheik*	El hijo del Caíd

Este libro acabóse de imprimir el día 14 de Diciembre de 1978 en el complejo de Artes Gráficas Medinaceli, S. A., General Sanjurjo, 53. Barcelona-25 (España)